地政学で考える日本の未来

中国の覇権戦略に立ち向かう

櫻井よしこ

PHP文庫

○本表紙図柄＝ロゼッタ・ストーン（大英博物館蔵）
○本表紙デザイン＋紋章＝上田晃郷

「100年に一度」の大変化に直面している日本――文庫化にあたって

数千万もの死者を出した凄惨《せいさん》な第2次世界大戦への反省から、人類は平和共存の道を模索し、理性や愛、善意に基づいた世界を創《つく》ろうと努力してきました。自由と民主主義を大事にする。すべての人の人権を尊重し、弱者を守る。法によって国を治め、対外関係においては国際法や条約を遵守《じゅんしゅ》して国際秩序を保つ。こうした価値観を掲げ、理想に向かって歩んできました。

しかし、今、そうした歩みに変調が生じています。大きな理由のひとつが中国です。第2次世界大戦後に世界が確立した価値観に真っ向から反する価値観を奉じている中国が、急速に力をつけ、彼ら独自の主張と論理を貫こうとしています。一言で言えば、力によって他国の領土や資源を奪おうとしているのです。膨張主義です。

ロシアがウクライナからクリミア半島を奪ったのを除けば、第2次大戦後に侵略によって領土を拡大した国は中国だけでしょう。ざっと振り返ってみましょう。中国は現在の中華人民共和国を樹立するや否や、かつて「藩部《はんぶ》」と位置づけられ、中国と対等の立場にあったチベットを侵略しました。ウイグルや内モンゴルも捏造《ねつぞう》した歴史に基づいて「中国の領土だ」と主張し、彼らから国土を奪い、元から住んでいる人たちを虐殺し、民族浄化にも等しい激しい弾圧を続けています。同じ漢民族でも、中国共産党を批判すれば逮捕・収監されてしまいます。

彼らの価値観は「中国が世界の中心であり、他国は中国に従うべき」という中華思想に基づいています。しかも非常に知恵の働く人々ですから、自力が不十分な間は「友好」を前面に押し出して援助を獲得し、中国に有利な条件を引き出して力を蓄えます。ひとたび自分が優位に立つや豹変《ひょうへん》し、国際法を踏みにじり、相手の領土も資源も、最新技術の知的財産なども自分のものだと主張し、奪い取ります。

人類の普遍的な価値観である人権についても、中国は「各国には各国の人権のあり方があってよい」と主張し続け、国内での人権弾圧を批判する国際社会の声を封じようとします。中国共産党は「自分たちは正しく、共産党への批判は受けつけない。批判するものは排除しても構わない」と考えています。従って、中国共産党と異なる立場に立つ人々に対しては人間の自由も人権も、さらには生存の権利さえ認めません。

1970年代に入ると中国は領土領海の拡大の矛先《ほこさき》を南シナ海、そして尖閣《せんかく》諸島のある東シナ海へと向けました。1992年には南シナ海と東シナ海のすべてを「中国領」とする「領海法」を一方的に制定し、異常な増強を続ける軍事力を背景に、侵略行為を続けてきました。

習近平《しゅうきんぺい》国家主席の言う「中国の夢」はアジアに覇権を確立することであり、いずれはアメリカを上回る力を持って世界全体を中国のコントロール下に置くことです。その「夢」が実現した後の世界がどうなるのか、想像するだに恐ろしくなります。

こうした中国の遠大な侵略戦略の意図、究極の目的は、地図を見ればはっきりと浮かび上がってきます。地政学を把握したうえで、中国の侵略に立ち向かう知恵と覚悟を持ってほしいというのが本書を著《あらわ》した狙《ねら》いです。

本書を上梓《じょうし》した2012年から、あっという間に5年近い歳月が流れました。この間に世界で起きた変化はまさに「100年に一度」と呼べるほど大きなものでした。中国の侵略的野望はより露《あらわ》になりました。ロシアは力治主義に特徴づけられる政治をさらに先鋭化させました。冒頭で触れたように、第2次大戦後に国際社会が目指してきた平和的な秩序が誰の目にも明らかに揺らぎ始めています。

その直接の引き金となったのが、2013年9月にアメリカのオバマ大統領が発したメッセージでした。13年の夏、シリアではアサド大統領が化学兵器まで使用して、国民を虐殺していました。世界中がアサド政権を倒すことをアメリカに期待しましたが、この時、オバマ大統領が「アメリカはシリアに軍事介入しない」と全米の国民に向けて語ったのです。「アメリカは世界の警察ではない」と二度繰り返しました。この時を境に世界は音を立てて変わったのです。

中国やロシアにとって、恐るべき相手はアメリカです。そのアメリカがもはや国際社会の紛争《ふんそう》解決に出てこない、軍事力を行使しないというのですから、中露両国にとっては千載一遇《せんざいいちぐう》のチャンスです。この間にできるだけ多くの権益を確保したいと彼らが考えたのは当然です。テロリストたちも同じことを思ったはずで、事実、「イスラム国」は一気に勢力を拡大しました。

14年3月、ロシアはウクライナからクリミア半島を奪いました。中国は南シナ海で急ピッチで埋め立てを進め、瞬《またた》く間に巨大な滑走路《かっそうろ》を持つ軍事拠点を築き上げました。世界随一の軍事力を持っていても、その力を使わないことがわかっていれば、軍事力は抑止力たりえません。力の行使を回避し続けたオバマ外交の大失敗によって、超大国として国際秩序を守る役割を果たしてきたアメリカの影響力は大きく後退しました。そして中国やロシアといった侵略的領土拡大を目論《もくろ》む覇権主義国家はその隙《すき》をついて素早く行動に出たのです。

15年10月にオバマ大統領はようやく重い腰を上げ、「航行の自由作戦」を展開し始めました。しかし、すでに中国は軍事拠点を築き上げてしまっています。あまりにも遅きに失したと言わざるを得ません。

そのオバマ氏に代わって2017年1月、ドナルド・トランプ氏がアメリカ大統領に就任しました。トランプ政権はオバマ政権とは対照的に「強いアメリカ」を標榜《ひょうぼう》し、17年4月には化学兵器を使用したシリアに対して断固たる攻撃を加えました。私たちはアメリカがオバマ政権の方針を転換することへの期待を高めましたが、その明確な方向性は、17年6月時点ではまだ見えてきません。

トランプ政権が掲げる政策は「アメリカ第一主義」のイデオロギーに基づくものであり、軍事行動を起こすのもすべてアメリカの国益に適《かな》う場合に限られます。

それぞれの国が自国の国益を重視するのは当然のことです。しかし、超大国であるアメリカには、時にアメリカの国益を犠牲にしてでも世界の秩序を守る努力をしてほしいという期待が寄せられているのも事実です。そして過去において、アメリカはその期待に十分に応えてきました。

トランプ政権は今のところ世界のルールメーカー、秩序の構築及び守護者の役割を十分に果たそうとはしていません。これは戦後のアメリカにおいて初めてのことです。アメリカが世界の秩序を守る立場を降りれば、中国が漁夫の利を得ることは誰の目にも明らかです。

アメリカの方向性が不透明ななか、中国は着実に力をつけ、5年前とは格段に異なる局面に立ちました。いまや中国の世界戦略はアメリカの世界戦略を凌駕《りようが》するのではないかとさえ思えます。

世界を支配する最大の要素が軍事力であることを、中国は明確に認識しています。15年までほぼ毎年軍事費を10％以上も増やし続け、17年にはついに1兆元《げん》（約16・5兆円、17年6月30日現在）を突破しました。しかもこの数字も控えめなもので、実質的にはこの2倍とも言われる軍事費を使っていると言われています。中国の軍拡にかける熱情は、軍事予算を大幅に削り続けてきたアメリカや、中国の脅威にも拘《かかわ》らず安倍政権以前まで予算を減らしてきた日本とはあまりにも対照的です。

15年9月の戦勝70周年を記念する軍事パレードで、習主席は「我が国は30万人の軍隊の削減をします」と世界に発信しました。２３０万人の軍隊を２００

万人にする。これを朝日新聞は「中国の平和への試み」と報じました。全く本質を見ていない論評です。中国が本当に軍事力を削減するのであれば軍事予算も減るはずです。ところが中国の軍事予算は減るどころか2桁《けた》の伸びを続けています。表向きは「軍縮」と言いながら、質的向上を進めているわけです。地域割の「七大軍区」を廃止し、「五大戦区」に組み変えました。陸海空、戦略ミサイル部隊の第2砲兵も加えて4軍の指揮系統を一本化し、軍全体を統合して機能的に展開できるようにしたわけです。習近平氏の狙いが軍事削減どころか本格的な軍事改革による軍事力強化にあることは間違いありません。

中国は宇宙戦略においてもアメリカを凌《しの》ごうとしています。日本人は「宇宙」にロマンを感じ、国益や軍事利用などと結びつけて考えようとしません。実際に日本の宇宙開発・研究は国際宇宙ステーションで各国との協力のもとで行われてきました。しかし、中国にとっては宇宙開発の目的は軍事利用そのものであり、覇権確立のための手段です。

中国独自の宇宙ステーションを作り、月に基地を作り、月と地球の間の宇宙空間を支配することによって、空を支配する。空を支配することによって海を支配する。海は海の表面のみならず、深海にまで情報網を張りめぐらす。宇宙空間、空、海の表面、深海を結ぶ情報網を築き、それを世界各地に築いている軍事基地につなげて軍事利用するのが中国の狙いです。

宇宙空間から地球をすっぽり包む情報網を作り、アメリカを凌駕する世界最強の大国への道を中国は急ピッチで突き進んでいます。

中国の戦略の根本には「孫子の兵法」の教えがあります。戦わずして相手を屈伏させることが最良の勝ち方だとしています。そのためには嘘をついて相手を騙《だま》すことを厭《いと》わない。嘘をつくことは最善の策だと教えています。日本人の正直さや謙虚さは素晴らしい美徳ですが、中国人も同様に考えていると思ったら酷《ひど》い目にあいます。実際に、これまで日本はどれだけ中国に裏切られ、お金をむしり取られ、領土領海を奪われそうになっているか。南京大虐殺や慰安婦問題に関する捏造話は、日本の国際社会における立場を貶《おとし》め、日米関係にヒビを入れ日本を孤立させるための宣伝戦であることを忘れてはなりません。

中国が軍事力行使の前に使うのが経済力です。中国は利に聡《さと》い国ですから、人も国家も利によって動くことをよく知っています。経済力を使って相手に利をちらつかせて自分の側に取り込み、批判を封じ込める。経済力を使った覇権拡大の典型がＡＩＩＢであり、「一帯一路」を掲げるシルクロード経済圏構想です。これらの構想に与することは狼《おおかみ》に餌《えさ》を与えるのに似て、長期的に見れば自らの首を絞めることになります。にも拘らず、ヨーロッパ諸国は雪崩《なだれ》を打ってＡＩＩＢに参加しました。目の前の実利に動かされず、長期的視野に立って国益を考えることの難しさを痛感させられます。

中国の侵略行為に一致団結して立ち向かわなければならないはずのＡＳＥＡＮ諸国も、中国の経済援助などを駆使した懐柔《かいじゅう》政策によって分断され、批判を鎮静化させてきました。中国に領土領海を奪われたフィリピンのドゥテルテ大統領までもが、自ら中国にすり寄るのですから、小さな国々がどれほど深い悩みを抱えているかがわかります。

元の国際通貨化も、元をドルと同じような位置につけることによって、他国の経済的な力を取り込み、中国の経済を支えるのが狙いです。ＡＩＩＢも他国から集めたお金が結局は中国国有企業に流れ、出資国は中国にしてやられるとの指摘は軽視できないと思います。

通貨や経済力でもアメリカに対抗しようとしている中国に、トランプ大統領はどう向き合うのか。私はトランプ氏が中国が目の前に示す「利」に動かされ、中長期的な視点で対中関係を見ることができず、中国にまんまと騙されてしまうという危惧《きぐ》を持たざるを得ません。


今、習主席は自身に毛沢東《もうたくとう》同様の権力を集中させた独裁体制を築くべく、着々と手を打っています。17年春の全国人民代表大会（全人代）で、李克強《りこくきょう》首相は6回も習主席を「核心」と呼び、毛沢東と並ぶ別格の指導者として位置づけました。常務委員が入れ替わる18年の全人代では、習近平氏の子飼いの人材が登用されると見られています。

先に触れた中国人民解放軍の機構改革の狙いも、習主席の腹心を軍の中枢部に据《す》えることにあります。そこから浮かんでくるのは21世紀の毛沢東主義であり、習近平という1人の人物のもとに軍事、経済、政治すべての権力が集まる強硬な独裁ファッショ体制です。

その一方で、中国の人民の心が習主席から離れ続けていることも事実です。富裕層は自らの資産を海外に不正送金し、中国の富は年間80兆円とも言われる規模で流出し続けています。人材の他国への移住にも歯止めがかかりません。

中国外務省は17年4月、アメリカに逃亡中の中国人大富豪・郭文貴《かくぶんき》氏の国際逮捕手配書を国際刑事警察機構（ＩＣＰＯ）が発行したと発表しました。郭氏はアメリカで習体制がいかに腐敗しているかという情報を出し続けている人物で、中国がここまで強い反応を示しているのは郭氏が核心を突いていることの証左でしょう。このことからも習主席の「反腐敗運動」が政敵を狙い打った権力闘争でしかないことが窺《うかが》えます。

「中国5000年の歴史」などと言いますが、それは一貫した歴史でも継続した歴史でもありません。単に、現在私たちが中国と呼ぶ大地に多種多様な民族が入ってきては王朝を興《おこ》し、前の王朝を滅ぼしては新しい王朝を作る、いわゆる易姓《えきせい》革命を繰り返してきただけのことです。そして歴代の王朝が弱体化し倒れていった原因は、常に民衆の不満が爆発したからでした。私は21世紀の中国に同じことが起きるのではないかという予想さえしています。

しかしそれ以前に、中国がアジアを支配し、アメリカをも凌いで世界をコントロール下に置いてしまうことを絶対に食い止めなければなりません。

今、世界のなかで中国の脅威《きょうい》を一番切実に感じているのは、他ならぬ日本のはずです。中国はアメリカを完全に追い越すまではアメリカと友好な関係を維持するでしょうが、その状況がずっと続くとは思えません。アメリカが目の前の「利」のために中国と妥協し、日米同盟に基づいて尖閣諸島や沖縄を守ってくれなくなる事態も想定しておかなければなりません。

宇宙から深海までを統合した中国の軍事増強が進めば、アメリカでさえも中国の攻撃を防ぐことができなくなる日が、近い将来やってくる可能性がありま す。その時、我が国はどう中国に立ち向かうのか。

戦後、日本は日本国憲法を後生大事に守り続け、「自分の国は自分で守る」という世界各国にとっての常識を忘れ、現実から目をそらしてきました。もし北朝鮮が暴走した場合、北朝鮮による攻撃に対してさえ我が国は我が国を守りきることができません。北朝鮮の軍事的脅威に対してさえ十分に対処できない日本ですから、中国の軍事脅威に対して、より脆弱《ぜいじゃく》であるというのは明らかです。

本書出版のすぐ後に民主党政権から安倍自民党政権に政権が移ったことは、その意味ではまさに天恵《てんけい》であり、日本の神々が日本国を守ろうとして下さっているのではないかとさえ私は感じました。

安倍晋三首相は戦後の日本の総理大臣には珍しく、力の原理を理解できている人物です。国民と国家を守るには力が必要です。その力とは経済力であり軍事力です。両方なのです。国家と国家の関係で永遠なるものは、国益です。それだけです。安倍首相はこのことをよく理解しているために、自衛隊の強化を図《はか》っています。そして憲法改正のための国民投票法を改正し、憲法改正の議論を活発化しようとしています。

安倍政権下の全体的な方向は良い方向に向かっていると、私は評価していますが、それでも速度が足りないとの思いがあります。日本が直面している100年に一度、200年に一度の大変化は、日本を根底から揺るがしています。国際社会の荒波に飲み込まれ、沈まないために、私たちは今、同じ価値観を共有する国々と手を携えて中国に立ち向かっていかなければなりません。地政学的に中国から遠く、直接的脅威をあまり感じない、たとえば欧州の国々にも、日本は自由と民主主義、人権の尊重、国際法の遵守といった価値観に基づいた平和的秩序の構築と維持の必要性を粘り強く訴えていかなければなりません。

日本と中国はアジアの2つの大国ですが、歴史も国柄も育《はぐく》んできた文化・文明もまったく異なります。中国は王朝が目まぐるしく入れ替わり、そのたびに新しい王朝は前の王朝を徹底的に叩き潰《つぶ》しました。前王朝の皇帝を殺すだけでなく人民までも殺してしまい、少なく見積もっても前の王朝の人は3割から5割、酷い時には9割が惨殺《ざんさつ》されてきました。新王朝はそれまでの歴史をすべて自分の都合のいいように書き換えてきましたから、中国の歴史はぶつ切りです。南京大虐殺や慰安婦問題などの歴史の捏造は、中国のお家芸といえます。

翻《ひるがえ》って日本は、世界でただひとつ、2700年近く同じ民族が、皇室を守りながら続けてきた歴史のある国家です。その精神の源流はあの穏やかで高度の文明で知られる縄文時代にまで遡《さかのぼ》ります。私たちの先祖は豊かな自然のなかで、世界でも比類のない高度の文化・文明を育んできたのです。

中華文明に対しては、優れたところは吸収しつつもそうでないところは拒否する賢さを発揮しました。聖徳太子の英邁《えいまい》なる政治によって、我が国は中華文明ときっぱり決裂し、大和文明を築き上げました。常に独立国として中国と対等の立場を貫いてきたのが日本なのです。

聖徳太子の「十七条憲法」の第一条「和をもって貴しとなす」はあまりにも有名ですが、この憲法にはその他にも「上に立つ人ほど頭を低く、謙虚に徹しなさい」「信は人の道の根本である」といった政治を司《つかさど》る人を戒《いまし》める教訓や、民への配慮、公正な裁きなど、素晴らしいことが書かれています。その精神が引き継がれ、100年以上後に編纂《へんさん》された『日本書紀』には、我が国では民のことを「大御宝《おおみたから》」と呼ぶと書かれています。また、指導者は人徳を積み、この国を道義の国にしなければならないとも記されています。こうした素晴らしい価値観を、日本人ははるか古代から連綿と受け継いできました。まさに中国のそれとは180度異なる価値観です。

どちらの国の価値観が人々を幸福にするのか、答えはあまりにも明らかです。だからこそ日本はアジアの国々から信頼され、期待されているのです。日本は自信を持って自らの価値観を高々と掲げ、中国とは異なる姿をアジア諸国や世界に見せていくのが良いのです。それがアジアのみならず21世紀の地球社会のためでもあると私は考えます。

そのためには中国の侵略的な戦略と野望を知り、日本人こそがそれに立ち向かう覚悟をより強く持つことが欠かせません。本書がそのための一助となることを心から願っています。

平成29年6月

櫻井よしこ

はじめに

いまアジア・太平洋地域はかつてない軍拡の真っ只中にあります。中国は1989年以来の約四半世紀で、軍事費を実に30倍に増やしました。人類史上類例のない中国共産党人民解放軍の異常な軍拡にアジア諸国が必死に対応しようとしているのが、現在進行中のアジア・太平洋全域に広がった軍拡です。

日本に対する中国の脅威《きょうい》は尖閣《せんかく》諸島においてあまりにも顕著《けんちょ》です。尖閣の国有化以降、台風接近の時を除いて連日、中国の公船が尖閣周辺海域に張りつき、領海侵犯を繰り返しています。日本のメディアもこの事態に慣らされつつあるのか、記事は小さくなり、掲載の紙面は、一面から社会面の片隅に移っています。報じなくなった全国紙もあります。

この奇妙な慣れとそれに伴う精神の弛緩《しかん》こそ危険な兆候です。この局面で尖閣を守り切れるか否かは、日本が主権国家であり続けることができるか否かの究極の問いにつながります。主権侵害に黙っているとしたら、日本はもはや独立国ではあり得ません。

40年前から南シナ海で、1970年代後半から東シナ海で、執念《しゅうねん》をもって中国が継続してきた海洋進出と侵攻の意味、彼らの究極の狙《ねら》いは、地図を眺《なが》めることで明確になります。私は書斎にさまざまな地図を備え、地球儀を手近なところに置き、中国が南シナ海で行動を起こすたび、あるいは東南アジア諸国連合（ASEAN）の国々で高速道路や港の建設を発表するたび、地図上で確かめます。すると驚くほど鮮明に中国の戦略が見えてきます。

地図を見詰めれば、多くの説明は要りません。中国の野望が、中国政府自らが語りかけてくるかのように浮き出てきます。地図を読むことが地政学を把握し、対応策を知る基本なのです。

もちろん、見えてくるのは中国の意図だけではありません。2011年以降、アメリカが矢継ぎ早に開いたオーストラリアの軍事拠点の戦略意図も一目でわかります。インドとの連携の重要性も、インド、パキスタン、中国の複雑な関係も、一見友好的な中国とロシアの関係が実は互いに強い敵愾心《てきがいしん》を含んでいる理由も、地図から読みとることができます。

地図は諸国の世界戦略を把握する第一歩だと考えます。戦後、安全保障をアメリカに頼ってきた日本は、外交や安全保障に関する判断力を衰えさせ、危機に対して鈍感な錆《さ》びた刀のような国になりました。そうした国家的な病を治すには地図を頭に入れて、世界の地政学を常に意識することが何よりも効果的でしょう。それが本書をまとめた理由です。

アジア・太平洋地域諸国が急速に軍備を拡張し、海の防衛に力を注いでいるのは、中国の長期戦略が明らかになり、その遠大な侵略的戦略を中国が揺るぎない決意で遂行《すいこう》しつつあるからです。彼らは2010年を目途《めど》に第1列島線を突破し、次に第2列島線を確保し、2040年までに西太平洋とインド洋へのアメリカ海軍の接近を阻止《そし》する態勢を作り上げ、右の2つの大海で覇権を打ち立てることを目指しています。

第1列島線は日本列島、沖縄諸島、台湾、フィリピンを結ぶ線です。2010年までに第1列島線の中国側の海と島々を支配するという目標は多少遅れていますが、中国はその完遂に自信を示しています。第2列島線は東京都の南にある小笠原諸島を起点にグアム、パラオを辿《たど》りながら西太平洋を包み込んでオーストラリアの真北まで下がる曲線です。この2本の戦略列島線と、2012年10月に就航した中国初の空母「遼寧《りょうねい》」、及び「2049年」を組み合わせると、中国の野望が一枚の図として浮かび上がります。

中華人民共和国建国100年目に当たる2049年までに西太平洋とインド洋を席巻《せっけん》したいという中国の考えが透視されます。主役のひとつが遼寧をはじめとする空母艦隊です。中国が本格的な空母の時代に入るのは早くて2020年、最終的、つまり2049年までに中国は空母機動部隊数個を編制して西太平洋とインド洋を制覇し、世界の海に支配を広げていくのが毛沢東《もうたくとう》以来の中国の夢だというのが、シンクタンク国家基本問題研究所評議員の平松茂雄《ひらまつしげお》氏の指摘です。中国海軍の動きをいち早く警告した氏の分析は最も信頼できるものだと思います。

中国の台湾統一は、国民党の馬英九《ばえいきゅう》氏が政権にある間に起きる可能性を含めて、2020年までには統一される危険性が高いとしたうえで、平松氏はその手法は恐らく初めは中華民国の国名を中華人民共和国台湾省に変えるにとどめ、その後、徐々に台湾の中国化を進めるのが中国共産党のやり方だと見ます。

台湾を中国領におさめることの意味や、台湾と尖閣、東シナ海のガス田の関係は本書で詳しく論じました。

こうした中国共産党の野望に立ち向かう闘いが熱い軍拡の形をとってアジア・太平洋で続いている中で、ひとり日本だけが異質な対応を続けています。その特徴は心身共に弱い日本であり続けていること、と言ってよいでしょう。

ここ10年来、アジア諸国が中国の膨張を警戒して安全保障政策に力を入れてきたのとは対照的に、日本はひたすら防衛費を削減してきました。自衛隊員も削り、どの部隊も定員不足でいざ有事の際、満足な部隊運用ができるか、不安がつきまといます。

装備や人員といった物理的な不足と空洞に加えて、自衛隊には他の国の軍隊と異なり憲法と法律に縛《しば》られた法的空洞もあります。自衛隊は軍隊として行動することを基本的に許されていないのです。いわば手足を固く縛られた状態で安全保障の任務に就《つ》かされているのが自衛隊です。

物理的、法的、この2つの空洞が、自衛隊が満足に動き日本の安全を守るのを妨げています。侵略の意図を持つ中国にとって、こうした2つの弱さを放置してきた日本は大きな誘惑でしょう。弱さが侵略を招き、十分な強さを備えて初めて、侵略の意図を未然に抑え込み、抑止につながるのが国際社会の現実です。その現実を見ようとしない日本の在り方が、いま日本の安全保障だけでなく、アジア・太平洋全体の安全保障を危うくしていることに気づき、日本国として急いで責任ある対応をとらなければなりません。

日本の国防、ひいてはアジア・太平洋の安全保障を妨げる最大の要因は現行憲法にあります。憲法前文の、今ではよく知られるようになった悪名高い件《くだり》、「平和を愛する諸国民の公正と信義に信頼して、われらの安全と生存を保持しようと決意した」の部分を改めて考えてみましょう。

例えばここに「中国をはじめとする平和を愛する諸国民の……」というふうに個別の国名を入れてみれば、わが国憲法のとんでもない虚構がわかります。日本国も日本人も究極の他人《ひと》任せであれと言っているのが憲法です。日本国政府も日本国民も自らを守る責任を放棄する、もしくはしなさいということです。実に無責任の極みを行く憲法ではありませんか。

この他人任せ主義、他者への絶望的なまでの依存精神から、私たちは誇り高く脱却しなければなりません。この点は本書で幾度も強調した点です。

そのうえで、眼前の危機に対処するための具体策を大急ぎで実行しなければなりません。それも本書で読んでください。

私は大きな危機感を抱いて本書をまとめましたが、実は、その危機感と同じくらい、あるいはもっと大きな希望を持って書き進めたことも確かです。日本人と日本国はこの上なく素晴らしい人々であり、国家です。日本人と日本国は眼前の深刻な脅威によって必ず目覚めると確信しています。そして本来の素晴らしい日本人と日本国に立ち帰ることも確信しています。

聖徳太子の時代から広く世界を見渡して、立派な独立国として祖国を守ってきたのが日本人です。その末裔《まつえい》が私たちです。できないはずがありません。

地球儀を横に置いて、世界を見渡しながら、日本の進路を皆で確かな明るいものにしていきましょう。

平成24年11月5日

櫻井よしこ

地政学で考える日本の未来

目次

第2章 世界に拡大し続ける「中国の野望」

第3章 アジア諸国と我が国の「対抗戦略」

第4章 問われる日本の覚悟

本文地図――有限会社メディアネット

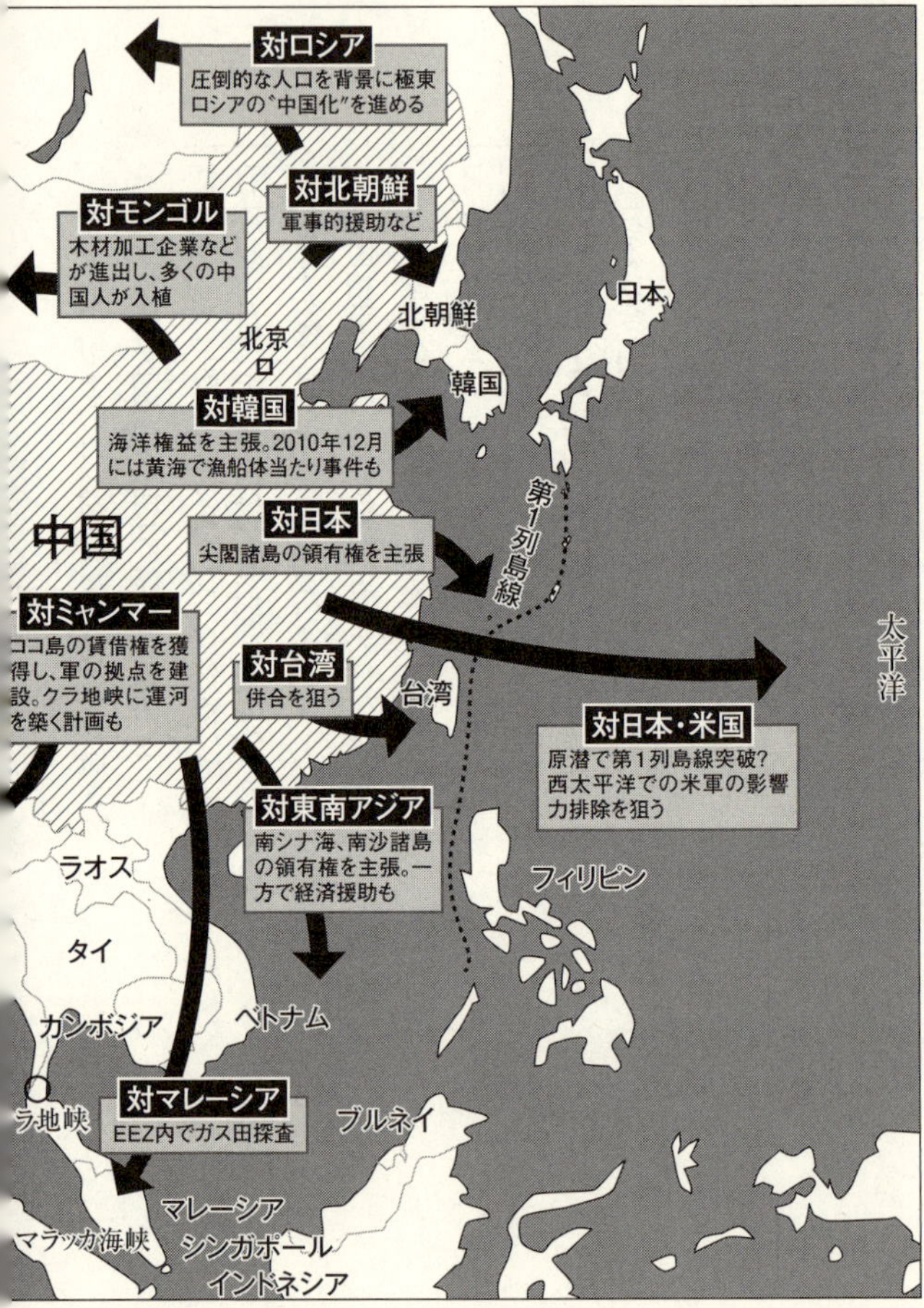

対ロシア
圧倒的な人口を背景に極東ロシアの"中国化"を進める
対北朝鮮
軍事的援助など
対モンゴル
木材加工企業などが進出し、多くの中国人が入植
北朝鮮
日本
北京
韓国
対韓国
海洋権益を主張。2010年12月には黄海で漁船体当たり事件も
第1列島線
中国
対日本
尖閣諸島の領有権を主張
対ミャンマー
ココ島の賃借権を獲得し、軍の拠点を建設。クラ地峡に運河を築く計画も
対台湾
併合を狙う
台湾
太平洋
対日本・米国
原潜で第1列島線突破?
西太平洋での米軍の影響力排除を狙う
対東南アジア
南シナ海、南沙諸島の領有権を主張。一方で経済援助も
ラオス
フィリピン
タイ
カンボジア
ベトナム
ラ地峡
対マレーシア
EEZ内でガス田探査
ブルネイ
マレーシア
マラッカ海峡
シンガポール
インドネシア

地図1　とどまることを知らない中国「領土拡大」野望マップ

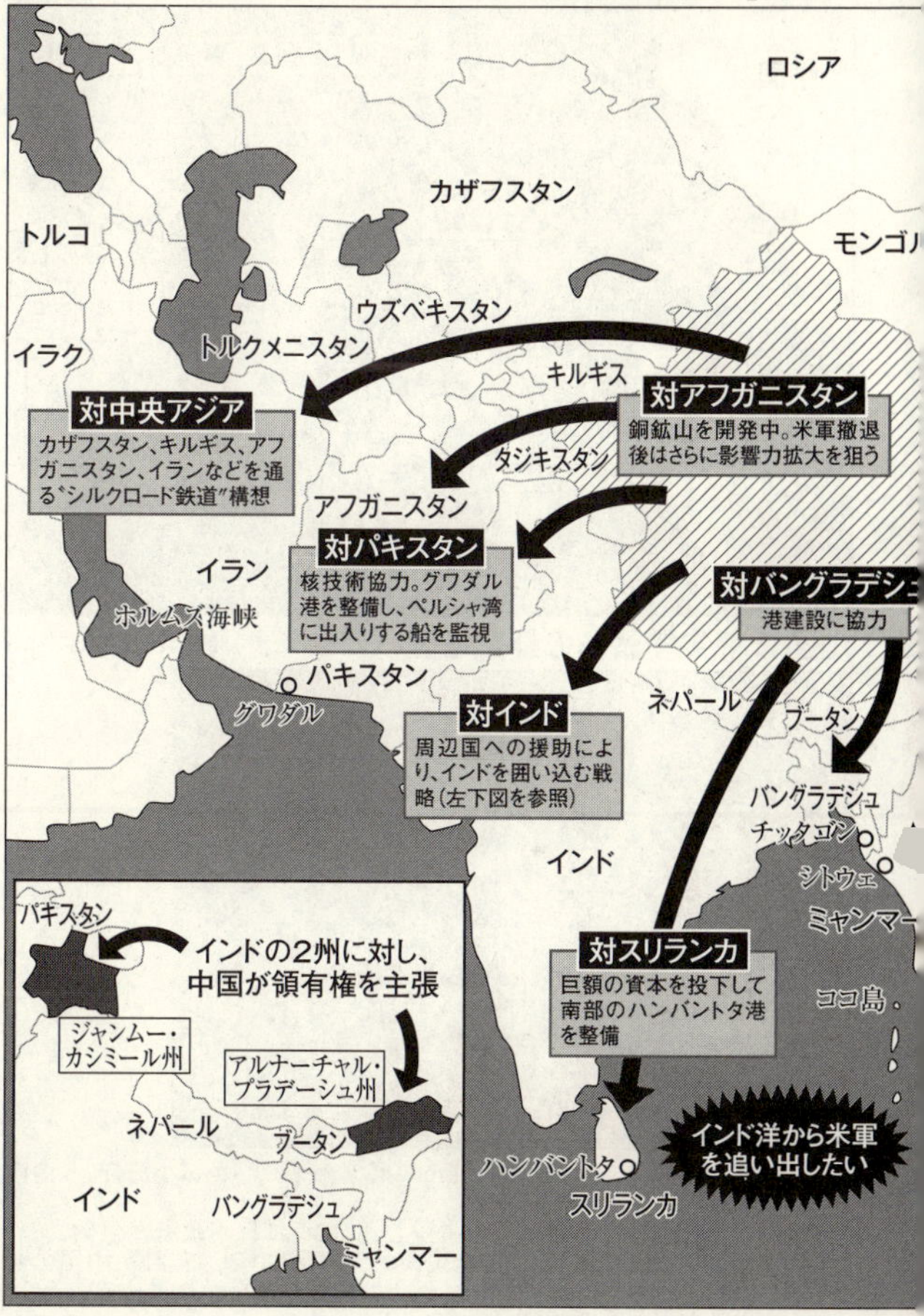

地図２　尖閣諸島の周辺地図

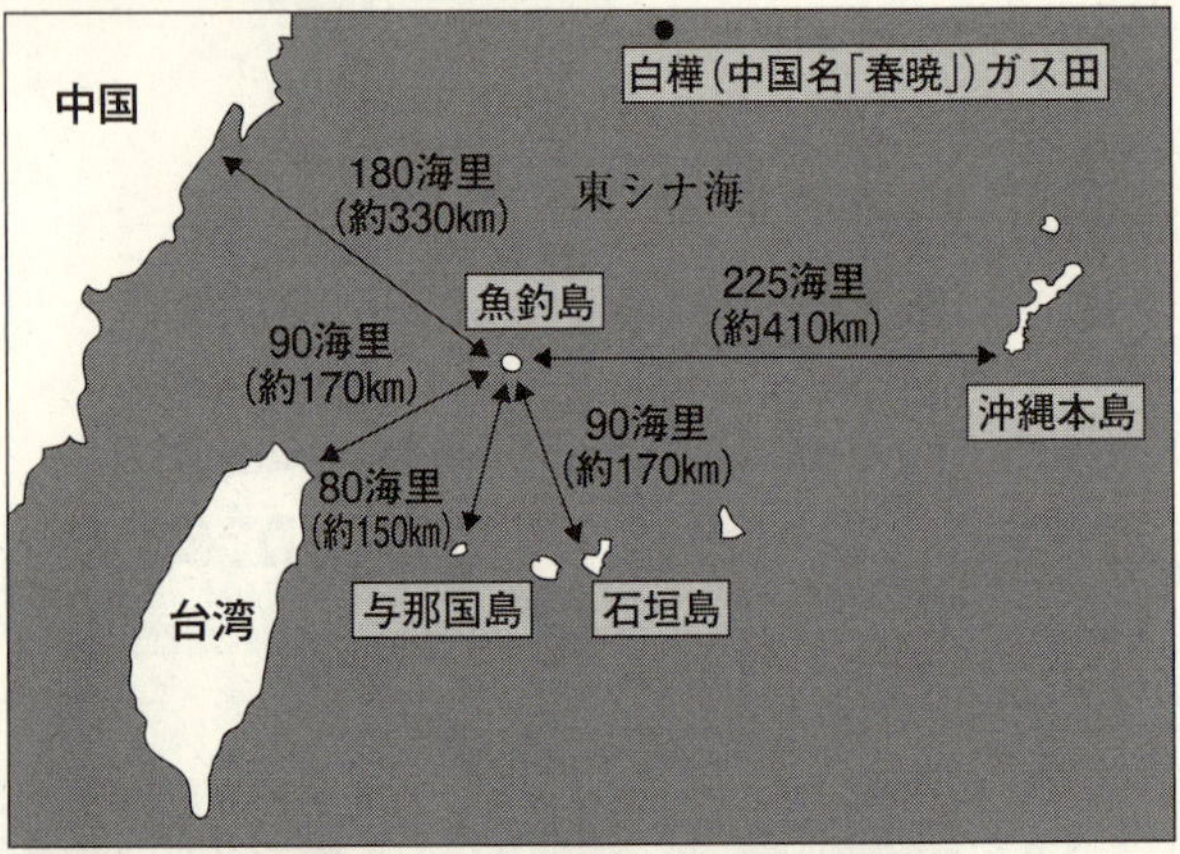

地図３　尖閣諸島の詳細地図　（いずれも外務省HPをもとに作成）

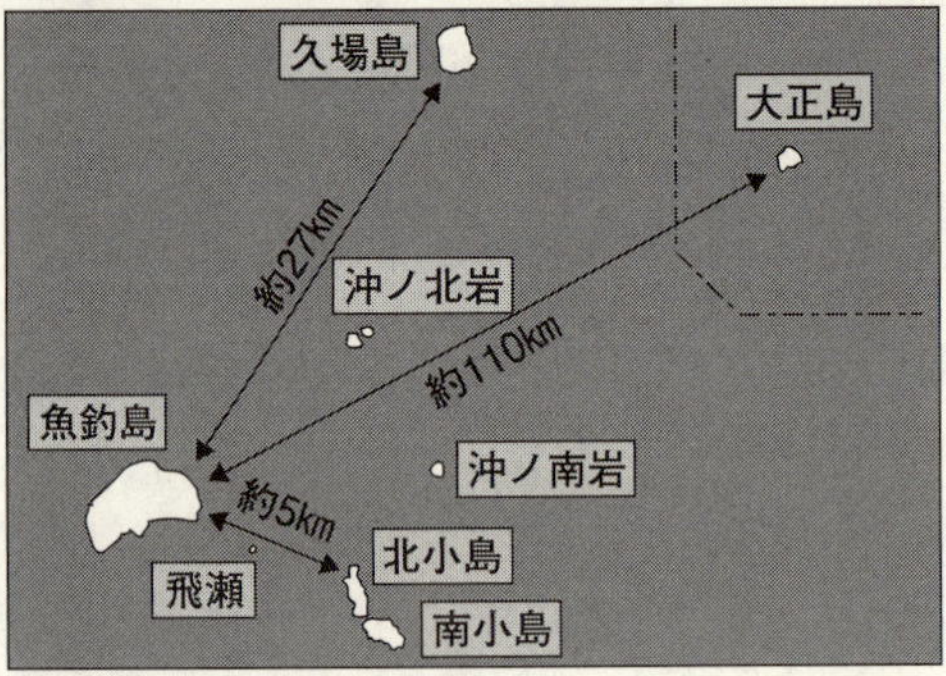

尖閣諸島は、沖縄本島の西約 410kmの東シナ海に浮かぶ小島群。５つの無人島と３つの岩礁からなる。
1970年代に中国が島の領有権を主張し、2012年に日本政府が魚釣島・北小島・南小島の民法上の所有権を民間人から国に移して以降、中国公船が接続水域に入域するようになり、近年は領海侵入を繰り返している。

地図４　中国の第１列島線と第２列島線

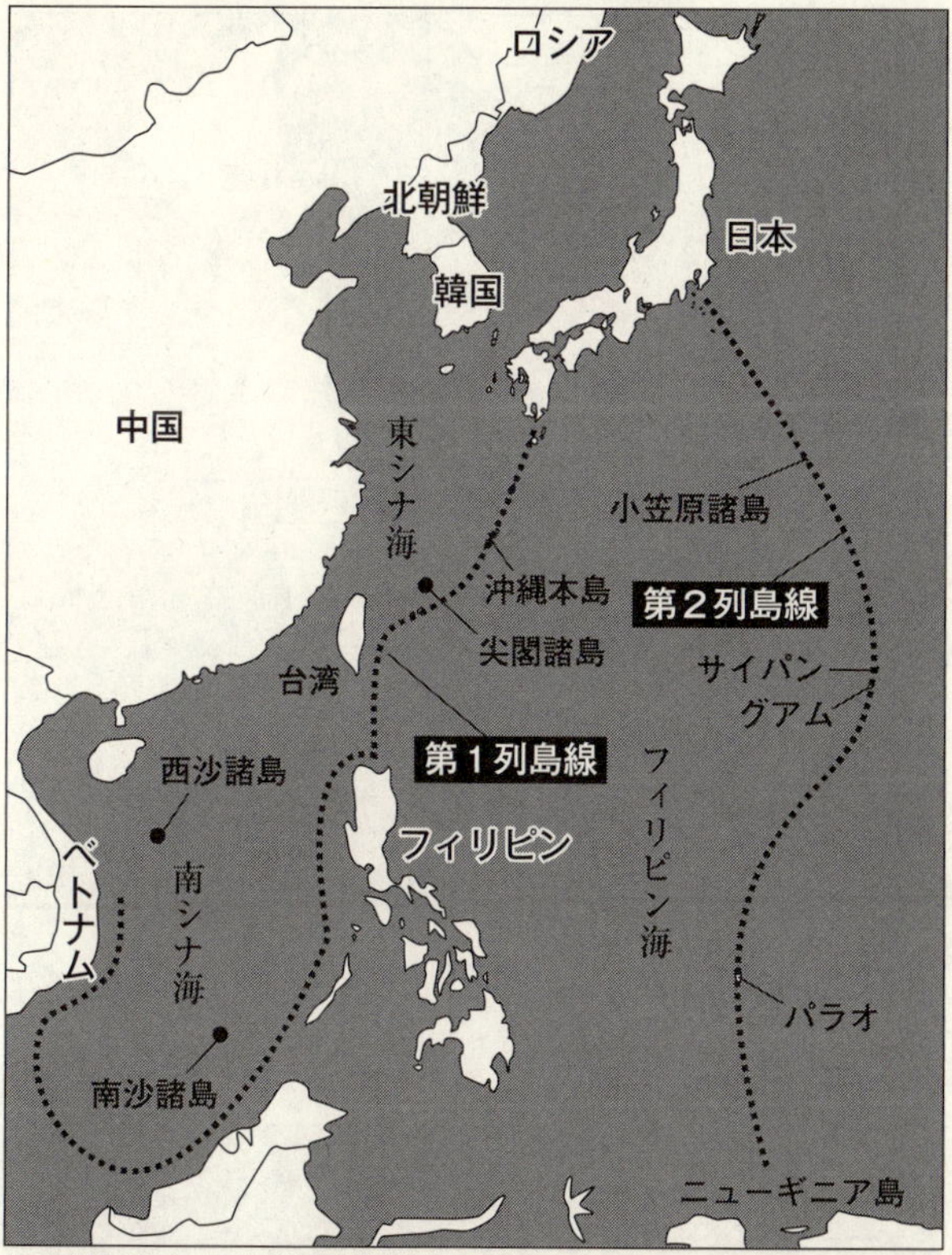

第１列島線は、日本列島、沖縄諸島、台湾、フィリピン、ボルネオ島から南シナ海を包み込み、インドシナ半島に至る線。
第２列島線は、小笠原諸島、グアム、パラオを通り、ニューギニア島に至る線。
中国は、第１列島線突破ののち、第２列島線までの海域を確保し、中華人民共和国建国100年目に当たる2049年までに、西大西洋とインド洋を席巻したいという野望がある。

地図5　中国が日本で取得（交渉中も含む）している土地

日本国内には、7か所（東京、大阪、福岡、札幌、長崎、新潟、名古屋）の中国大使館、総領事館があるが、名古屋と新潟を除き、中国政府は、その土地も所有している。
また、東京の一等地である南麻布や、沖縄の在日米軍の普天間飛行場の代替候補地・辺野古をにらむ位置にあるカヌチャリゾート、また北海道の水源地など、中国による土地買収話は増加の一途をたどる。

地図６　沖縄の主な米軍基地

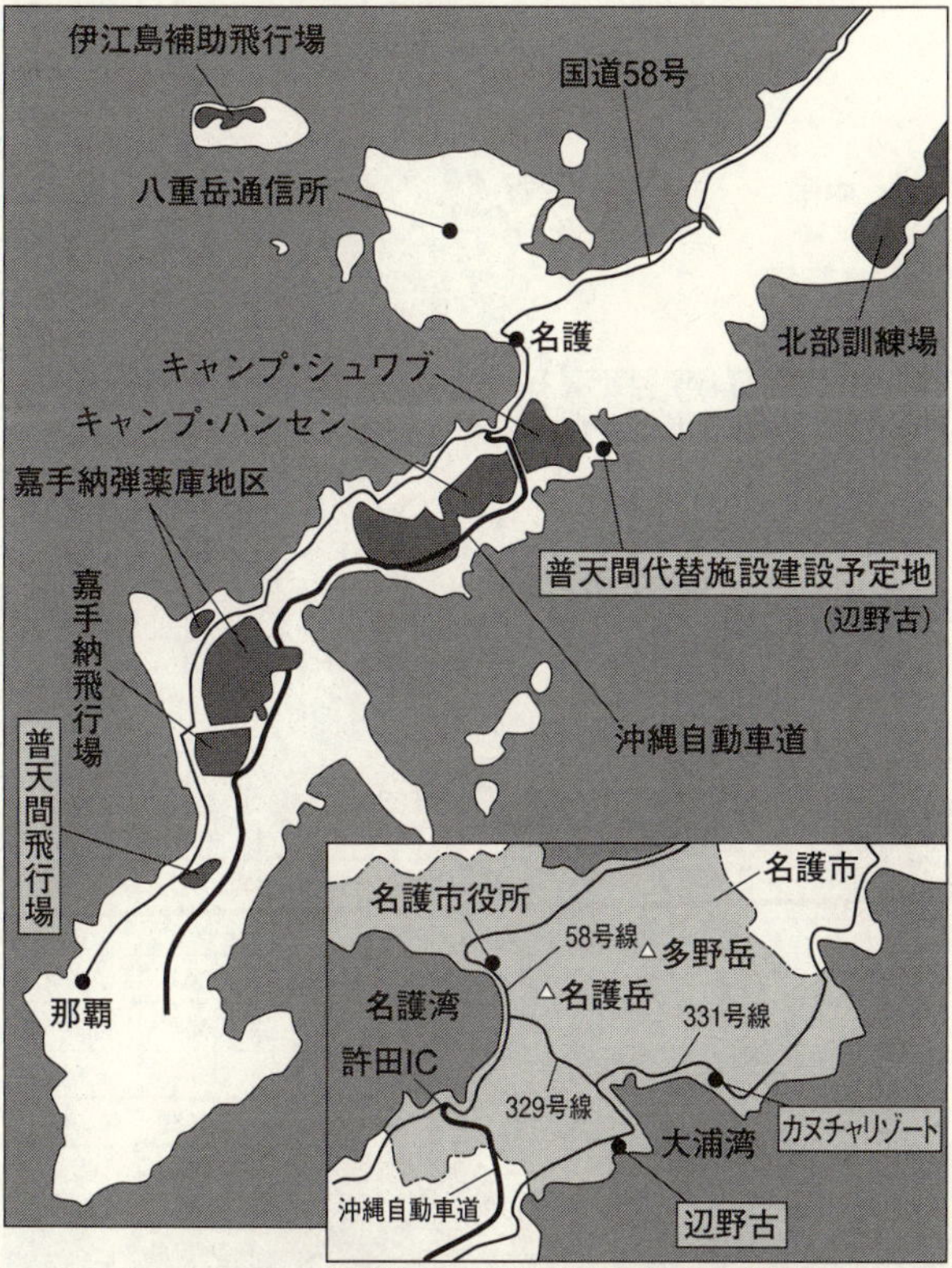

地図７　辺野古のある名護市

2015年時点で、沖縄には、在日米軍基地の約74％が集中し、沖縄本島の18％を占めている。なかでも普天間飛行場は市街地の中にあるため辺野古への移設が合意されたが、国と沖縄県の間で対立が続いている。

沖縄の在日米軍基地については、再編・縮小がすすめられている。

地図８　「台湾併合」を目論む中国の戦略

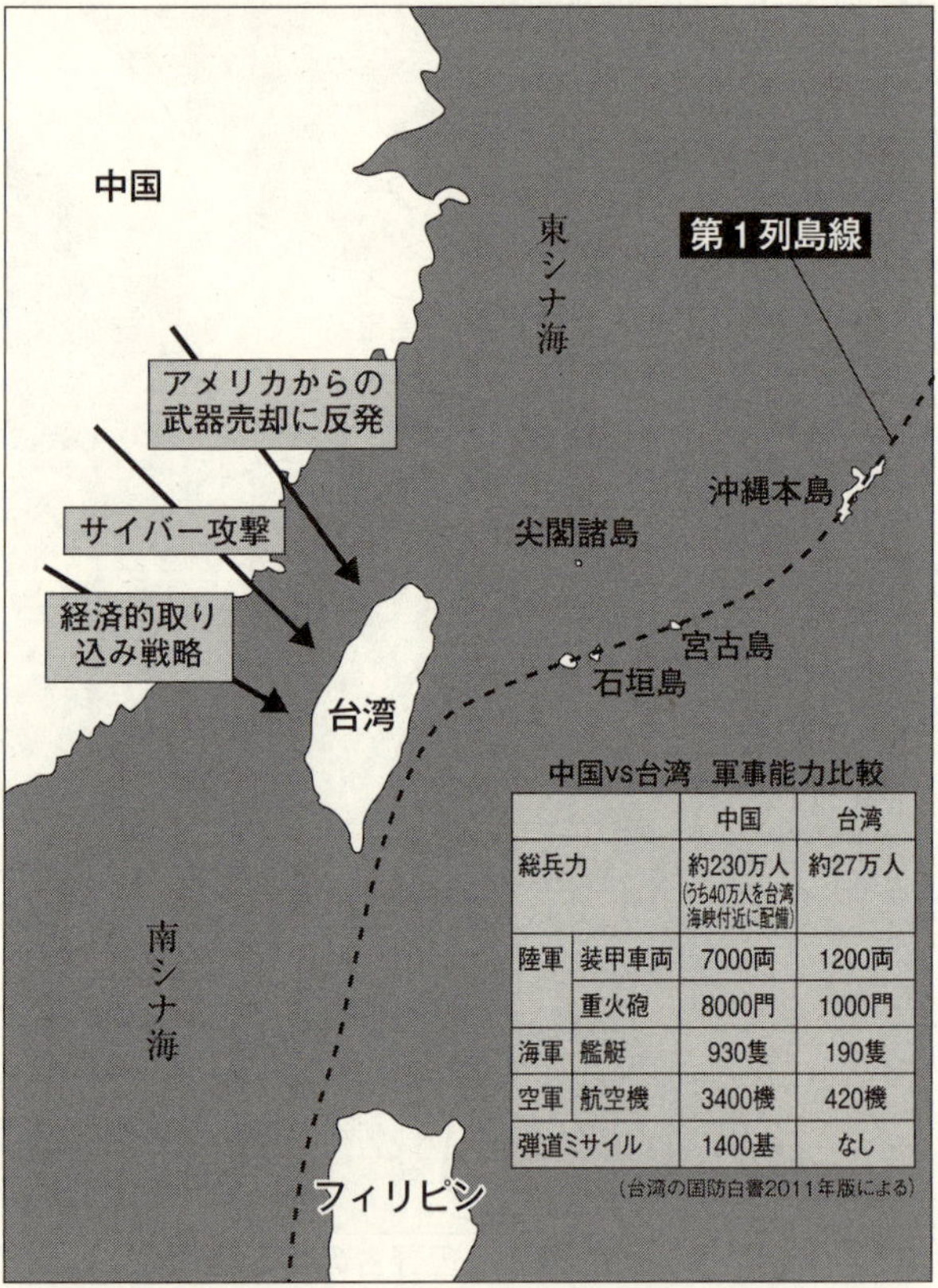

中国vs台湾　軍事能力比較

		中国	台湾
総兵力		約230万人（うち40万人を台湾海峡付近に配備）	約27万人
陸軍	装甲車両	7000両	1200両
	重火砲	8000門	1000門
海軍	艦艇	930隻	190隻
空軍	航空機	3400機	420機
弾道ミサイル		1400基	なし

（台湾の国防白書2011年版による）

中国が建国100年を迎える2049年までに西太平洋とインド洋から米海軍を排除し、中国の覇権を確立するためには、台湾併合が最初のステップとなる。中国は、圧倒的な軍事力で台湾を脅しながら、一方では経済や文化の交流で籠絡しようとしている。

地図9　中国によるインド包囲とアメリカ軍の対中国戦略

中国は中東やアフリカなどからの資源輸送のため、インド洋にまで覇権を拡大しようとしている。そのため、グワダル、ハンバントタ、チッタゴン、シトウェ、ココ島などの港湾建設を支援し、その見返りとして資源と土地を手に入れ、戦略拠点を築いてきた。
アメリカによって「真珠の首飾り」と名付けられた中国のこの戦略は、チョークポイント(細い海峡や航路が集中する要衝)だけでなく、港湾や空港も確保しているのが特徴で、これを取り囲むように、アメリカ軍もインド洋にいくつかの軍事拠点を展開している。

地図11　南シナ海進出を狙う中国

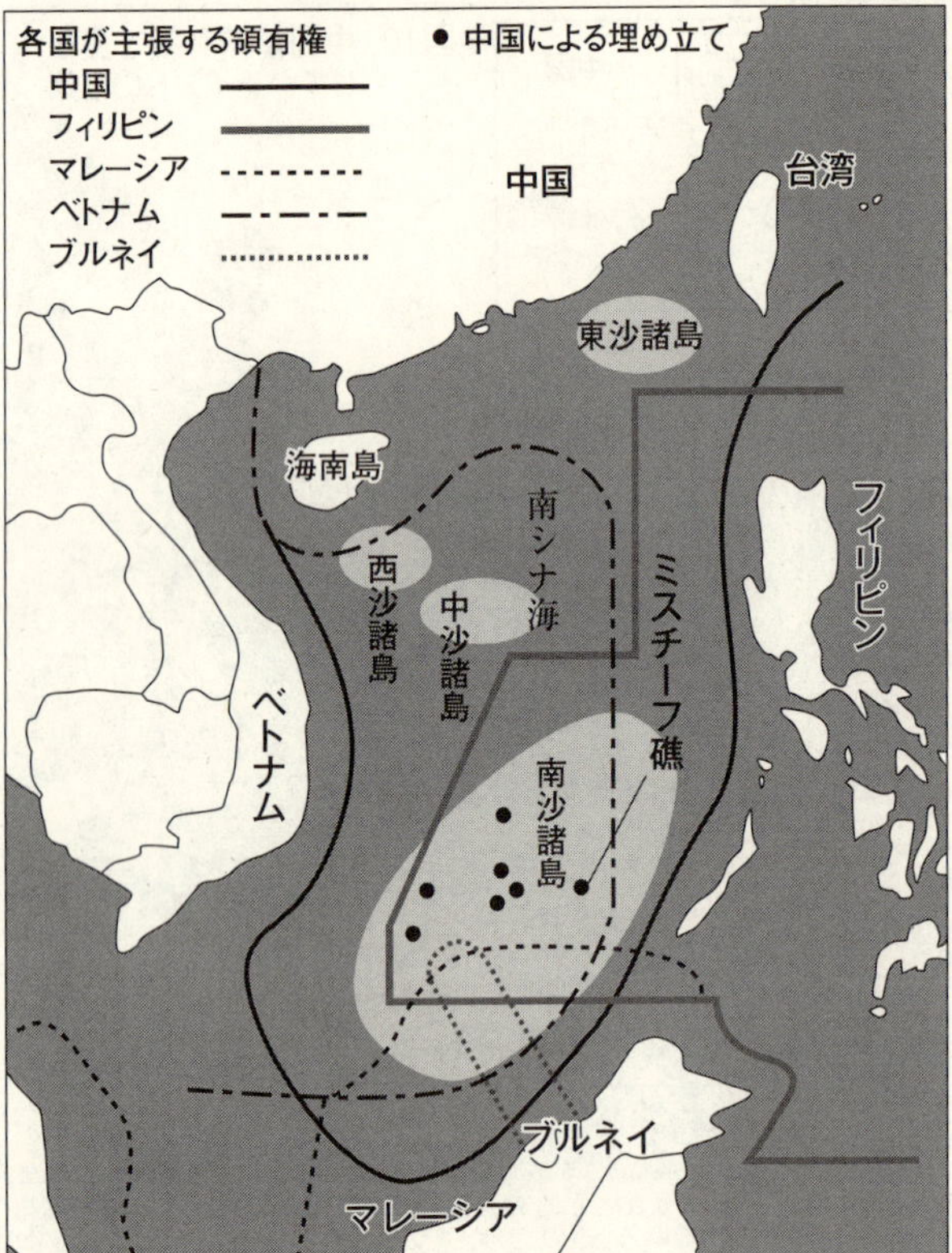

中国は、南シナ海の約90％について自国領だと主張しているが、フィリピン、マレーシア、ベトナム、ブルネイなども領有権を主張している。しかし、中国は南沙諸島などの岩礁を埋め立てて人工島とし、滑走路や航空機の格納庫・高性能レーダーなどの軍事施設を次々と建設。南シナ海における中国の軍事的優位はゆるぎないものとなりつつある。

地図12　ロシアのガスパイプライン構想

地図13　中国が野心を示す北極海航路

本書では、サハリンから極東ロシアのハバロフスク、ウラジオストクを経由するガスパイプラインを延長し、北朝鮮から韓国へと送る構想が論じられているが、2014年にはロシアと新潟を結ぶ日本海横断パイプライン構想、2017年4月の日露首脳会談では、サハリンと北海道とを結ぶガスパイプラインの共同建設構想についても協議された。

第1章

「尖閣諸島」から始まる「中国の日本獲り」

中国海軍「領海侵犯」の狙いは「資源略奪」と「潜水艦のための海底地形調査」です

日本を含めて、アジア諸国に死活的に深刻な脅威《きょうい》を及ぼしているのが、急速な増強を遂げる中国人民解放軍の海軍です。しかし、その海軍にしても中国の軍事力全体のごく一部にすぎません。中国の軍の中枢である中国共産党中央軍事委員会は国家主席、副主席を含めて12人で構成されます。国家主席と副主席を除けば、残り10人はいずれも軍人としての階級を有しており、その中の8人までが陸軍軍人で、海軍出身者は1人だけです。

中国人民解放軍の政策のすべてを決定し統括するのがこの党中央軍事委員会であり、主流はあくまでも陸軍が占めているわけです。したがって、私たちは、中国海軍の背後にはより強大な陸軍が存在し、世界第2の軍事大国となってもなお、膨張を続け、領土拡張の意図を隠そうとしない共産党一党支配の国家戦略があることを認識したうえで、我が国に迫る海からの脅威に警戒しなければならないのです。

中国の軍事力は〝軍〟と名のつくものだけではありません。尖閣《せんかく》諸島周辺で活動を活発化させている漁業監視船や海洋調査船、そして漁船もまた、中国政府の軍事戦略に組み込まれていると考えなければなりません。

中国は奪い取りたい海域をまず自国領だと宣言し、漁民を出し、その後、漁業監視船、さらには軍艦を派遣して相手を恫喝《どうかつ》し、排除するのが、お定まりのパターンです。

1995年にフィリピンが長年領有してきた南シナ海南沙《なんさ》諸島の一部で、フィリピンのEEZ（排他的経済水域）内に位置するミスチーフ礁《しょう》を奪った時も、まず漁民を上陸させました。しかし上陸した屈強な男たちは漁民を装った軍人だったというのが、多くの専門家の見方です。男たちの動きは迅速《じんそく》で、島に上陸するとすぐに中国国旗を立て、資材を陸揚げし、建築物を建て始めました。中国政府はこの建物を「漁民のための避難施設」だと主張していますが、現在の建物は明らかに軍事施設です。

中国がミスチーフ礁で行なったことを、尖閣で繰り返す恐れは十分にあります。彼らは南シナ海の岩礁や島々を奪って軍事拠点を作ってきましたが、同様の手法で尖閣を奪うのが戦略だと考えるべきです。

ここ数年、尖閣周辺（次ページの地図2参照）では、漁船はもちろん、中国の漁業監視船の出没するペースが早まっています。２０１０年に5回、２０１1年は9回、２０１2年は半年で5回を数えた後、日本政府が尖閣諸島の国有化を決定してからは、中国公船が接続水域に常駐し、領海侵犯するのが常態化しています。

中国の公船が日本の領海周辺に展開し、警備にあたる海上保安庁の船に向かって挑発的に「ここは中国の海だ」と言い張ります。彼らの行動は〝漁業監視〟とは名ばかりで、対日示威《じい》行動であるのは明らかです。なぜなら、彼らは周囲に中国漁船がまったくいない日も同じように展開しているからです。

漁業監視船には、「漁政２０１」など中国農業部漁業局の所属を示す名称が明記されていますが、その一部は中国海軍の軍艦を改造・転用したものです。

地図２　尖閣諸島の周辺地図

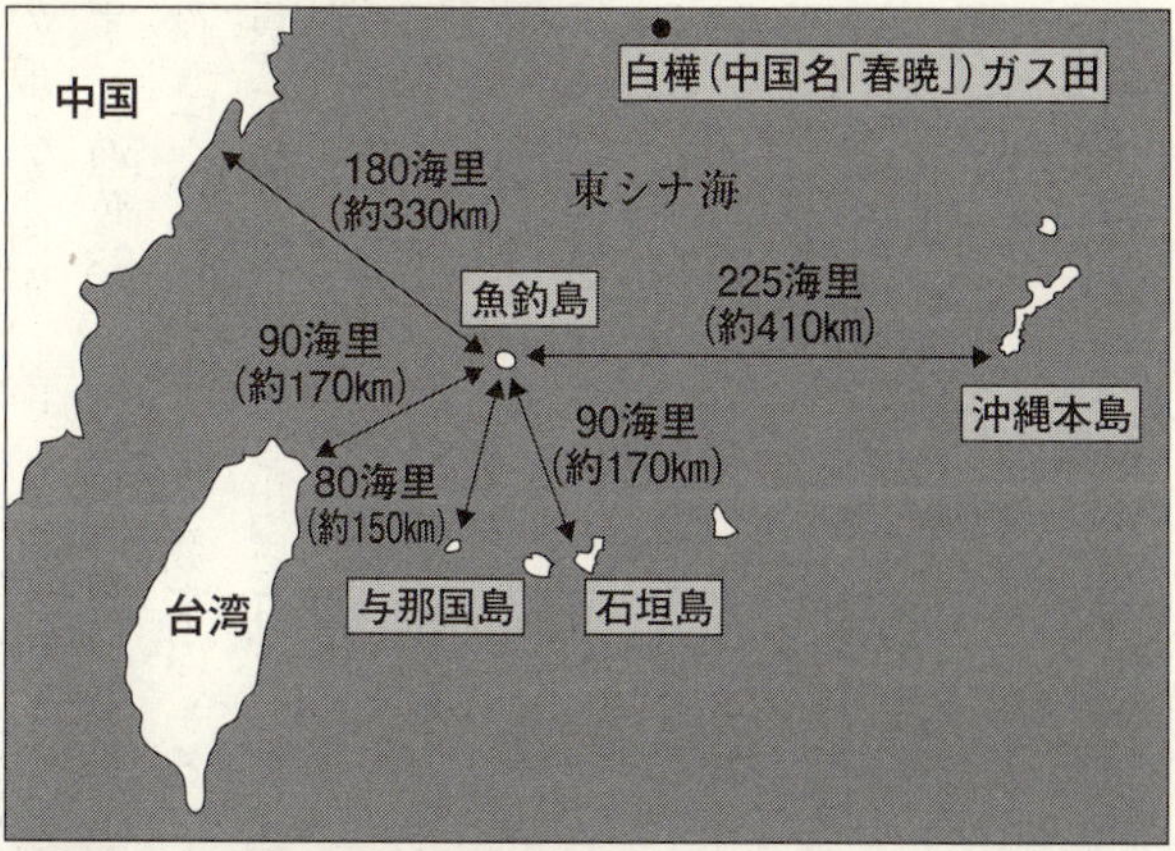

地図３　尖閣諸島の詳細地図

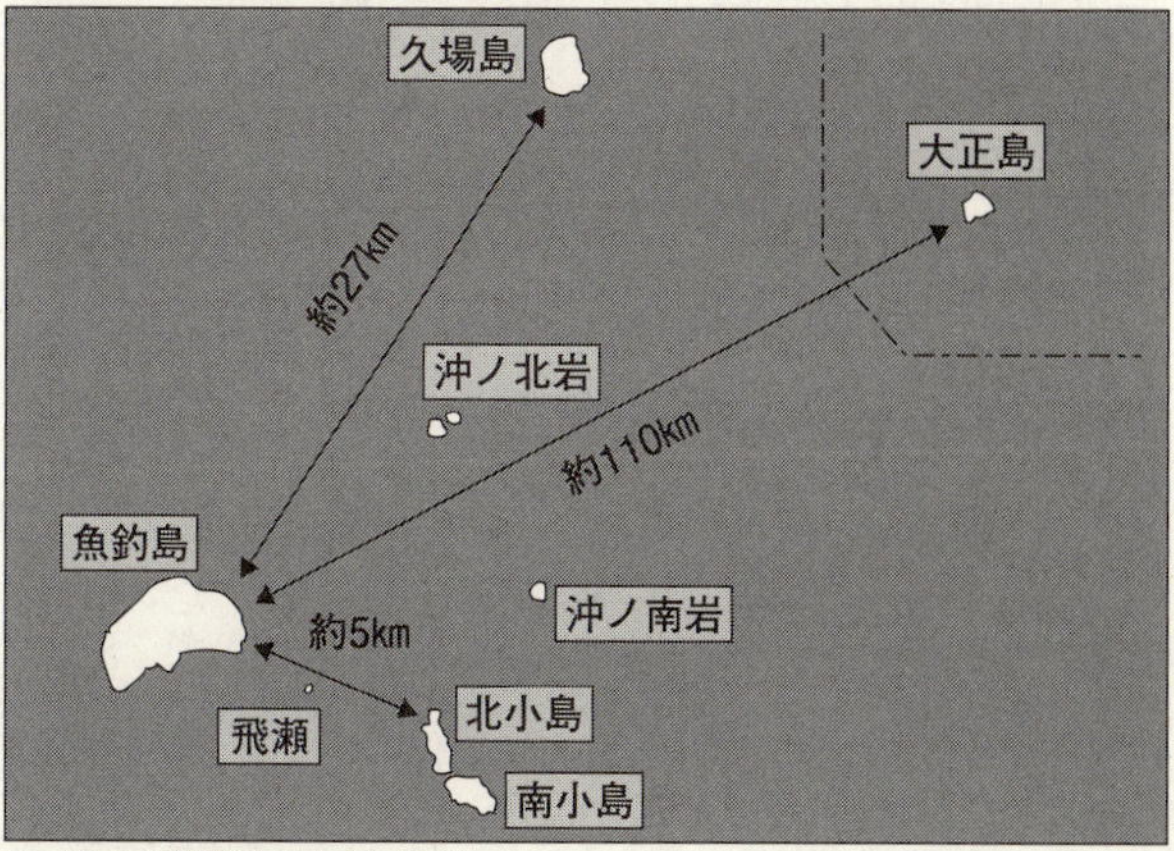

（いずれも外務省ＨＰをもとに作成）

その最たる例が、南シナ海を中心に活動している「漁政88」という大型輸送艦です。「漁政88」は、もともと海軍で輸送艦「撫仙湖」（艦番号888）として就役していたのですが、数字の「8」をひとつ消して「88」にしただけで、乗組員ごと漁業局に貸し出されました。軍艦を丸ごとリースしたのです。同様に「漁政21」は、海軍の大型補給艦「鏡泊湖」を転用したものです。

海軍の艦船が、他国の領海付近に長時間とどまれば深刻な軋轢《あつれき》を引き起こします。時と場合によっては戦争の発端ともなり得ます。けれど、これらの艦船は、白い塗料を塗ったりして軍艦ではないという建前を保っています。しかも名目上、漁業資源の保護や監視を目的としていますから、国際法上、文句をつけたり、退去を命じたりすることは、なかなか難しいのです。中国はこうした事情をよく知ったうえで、巨大な輸送艦・補給艦を転用して、漁業監視船として南シナ海で長期間活動ができるようにしています。しかし実態はあくまでも海軍と一体であり、漁業監視よりも、中国の領土拡大のために動いていると見るのが正しいでしょう。

海南島には潜水艦の海底基地を建設済み

中国国家海洋局所属の海洋調査船による活動も大いに活発化しています。2012年9月以降の中国の傍若無人《ぼうじゃくぶじん》の振る舞いは「はじめに」でも説明しましたが、そのずっと前から中国の海洋調査船は、日本のEEZ内に侵入して調査を続けてきました。

ところが日本の外務省はこうした中国の違法活動に目をつぶり続けるだけでなく、中国の侵略を受け入れるかのような譲歩をしました。それが2000年8月、当時の河野洋平外相が中国側に提案した「事前申請制度」です。事前に申請すれば日本のEEZ内の調査も許すという、国土領海を他国に明け渡すかのような信じがたい制度です。このような背信の提案をした河野氏の政治家としての資質を疑いますが、同時に、その提案を問題視せずに河野氏に加担した外務官僚の罪も深いのです。

日本政府は、事前申請で日本の国益を侵害してもよいというお墨付きを中国に事実上、与えたことになります。この卑屈な外交が侮《あなど》りを招かないはずはありません。中国はすぐにその制度すら無視して勝手に調査を繰り返すようになりました。

日本側が遠慮しつつ抗議をすると、彼らは「一般的な科学調査」にすぎず、なんら問題はないと言いますが、それはもちろんデタラメです。

中国の海洋調査は、東シナ海などに眠る資源略奪が目的であると同時に、より大きな軍事目的に基づいていると見るべきです。軍事目的のひとつが、潜水艦が通るルートの確保です。潜水艦を安全に航行させられるよう、海底の地形をすみずみまで調べ上げていると思われます。このことが誰の目にも明らかになったのが2004年11月、中国の原子力潜水艦が日本の領海を侵犯し、沖縄の先島《さきしま》諸島脇を通り抜けた時でした。海上自衛隊の哨戒機《しょうかいき》P-3Cが足かけ3日にわたって追跡しました。最も浅い地点で水深60mしかない海峡を、中国海軍は一度も浮上せず、まして坐礁《ざしょう》もせず、逃げ切りました。同海域の海底の地形、潮流などについて詳細なデータを持っていたからこそ、逃げ切ることができたのであり、日本にとって恐るべきことです。

2006年10月、沖縄の沖合で演習中の米空母キティホークに、中国の潜水艦が魚雷射程圏内の約8海里（約15㎞）の至近距離まで接近して浮上し、米軍関係者を震撼《しんかん》させました。

また2009年2月には、中国の原子力潜水艦がグアム島近くに達するまで探知されずに航行、侵出していました。この原潜は宮古《みやこ》島と与那国《よなぐに》島の間を通過したと見られています。

かつて中国の潜水艦は「割れ鐘を叩くような音」を発すると言われ、容易に探知できる相手でした。それが急速に性能を高め静かに航行できるようになり、最近はその分、追尾が難しくなっているといいます。

性能を高めた中国艦隊は編隊を組んで沖縄本島と宮古島の間を通過して太平洋に出て、軍事演習を繰り返してきました。つまり、中国は第1列島線（57ページの地図4を参照）を自在に突破し、第2列島線にまで侵出し始めたということです。西太平洋及びインド洋における覇権の確立を念頭に、彼らが第2列島線として示した外洋での訓練を行なっているのです。

中国が日中合意に反してガス田開発を続ける白樺《しらかば》（春暁《しゅんぎょう》）周辺は、中国の海洋覇権を確立するうえで、極めて重要な戦略海域です。その重要さをわかり易く見せたのが1996年の事例でした。李登輝《りとうき》氏が台湾総統選挙に立候補したこの時、中国は台湾海峡にミサイルを撃ち込み台湾に圧力をかけました。これに対してアメリカは横須賀の第七艦隊の空母を急遽《きゅうきょ》台湾海峡に派遣しました。空母が沖縄本島と宮古島の間を北上し、白樺のあたりで90度方向転換して台湾海峡を睥睨《へいげい》した時、中国海軍はすーっと退きました。この海域こそ、台湾攻略において決定的に重要な海域であるということです。尖閣諸島とガス田白樺の位置する海域を押さえれば、台湾海峡を押さえることになるということです。台湾併合を大目的とする中国が尖閣諸島と東シナ海のガス田にこだわる軍事戦略上の理由がよく見えてきます。

中国は、東シナ海以前に南シナ海に触手《しょくしゅ》を伸ばしましたが、彼らは南シナ海の資源を求めているだけではありません。尖閣と東シナ海を狙《ねら》っているのと同様の軍事戦略上の狙いがあります。それは南シナ海の深い海溝《かいこう》に長距離核ミサイルを搭載した原子力潜水艦を潜《ひそ》ませておくという、軍事目的だと指摘されています。

どの国のリーダーも戦争はしたくない、とりわけ核戦争は絶対に避けなけれ

地図４　中国の第１列島線と第２列島線

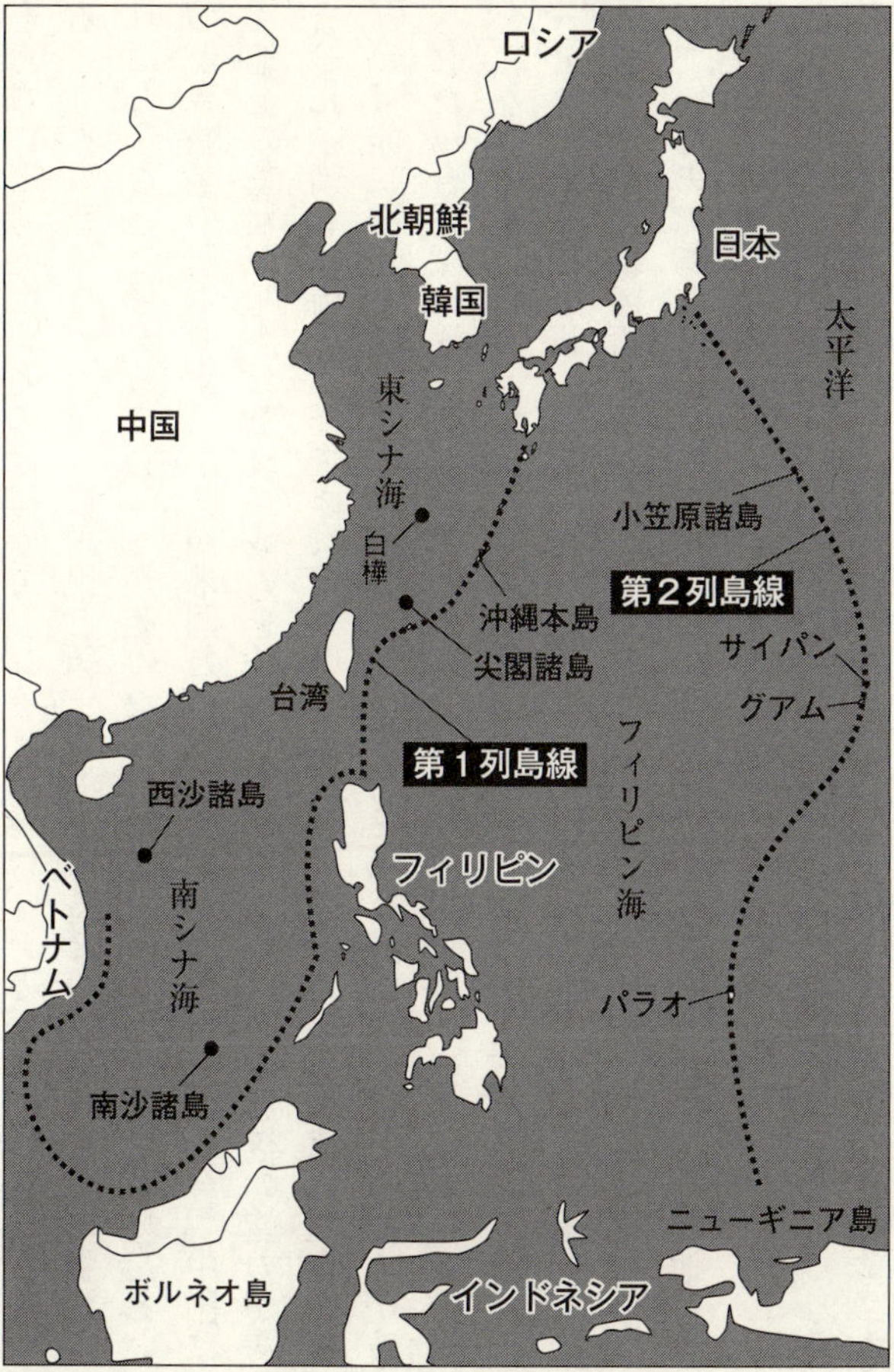

ばならないと考えているのは確かでしょう。同時に、万万が一、核兵器が使われるような事態になった時、自国民と領土領海を守るためにどうしても勝たなければならないと考えるでしょう。そのためには核の第2撃能力が必要だというのが戦略論の基本です。中国が米国と核戦争をすると仮定した場合、中国には、地上の基地が叩かれた後、戦いを続け、反撃するのに必要な核の能力がありません。南シナ海を支配できれば、潜水艦搭載の核戦力をその海に温存することが可能になります。潜水艦への攻撃は容易ではないために地上の基地が破壊された場合、深い海に潜航する潜水艦から行なう相手側への攻撃が物を言うことになります。これが核の第2撃能力です。中国が第2撃能力を手にすれば、アメリカは手出ししにくくなるでしょう。中国は、米国と対等の地位を確保して、世界の覇権国家となることも不可能ではありません。中国はそれを目指しているのであり、事実、南シナ海に浮かぶ海南島《かいなんとう》に潜水艦の海底基地を建設し、野望実現の準備を着々と進めています。

地図を見ると明らかですが、中国が尖閣諸島や白樺ガス田を擁《よう》する東シナ海を押さえれば、米海軍は台湾海峡に入りにくくなり、台湾が危うくなります。

また、中国が台湾を押さえれば南シナ海への北の出入り口が封鎖され、アメリカの艦隊は南シナ海に入りにくくなり、南シナ海は自ずと中国の海になってしまいます。この時、本当に中国はアメリカに対する第2撃能力を有することになるのです。

中国には核軍縮をする気持ちはありません。むしろアメリカと最終核戦争を戦っても勝てるだけの核攻撃能力とミサイルの開発を進め、宇宙に進出してサイバー能力を高めることで対米優位の力を確保しようと手を打っています。中国の野心を知れば知るほど、尖閣諸島を守り通すことがどれだけ重要なことかがわかります。中国が絶対に譲らないことを覚悟のうえで、尖閣諸島と東シナ海を守らなければならないゆえんです。

嘘と捏造にまみれた中国の主張

中国は自らの軍事力はあくまでも自衛、国防のためだと主張します。また、核兵器保有は「平和のため」であり、「先制攻撃はしない」と言います。しかし、2008年のアメリカの国防報告は、中国の本当の意図は「先に攻撃されるのをただ待つことではない」と分析しています。

中国は、他国の「政治的言動」や「経済的言動」が中国の国益を侵《おか》す場合、それらが単なる言葉であっても「先制攻撃とみなす」とし、どんな発言を攻撃とみなすかは中国の判断に基づきます。つまり、いつでも核を含めた事実上の先制攻撃をする可能性があるということです。中国の言う「自衛」も「平和の核」も、額面通りには受けとれません。すべて偽《いつわ》りです。

領土拡張のために中国が主張していることも嘘にまみれています。尖閣諸島も南シナ海も、インドのアルナーチャル・プラデーシュ州とジャンムー・カシミール州も、そしてチベットもウイグルも内モンゴルも、捏造《ねつぞう》した歴史に基づいて自国の領土領海だと主張しているにすぎません。

そもそも尖閣諸島の「棚上げ論」も中国がついた堂々たる嘘です。1978年4月、100隻以上の武装中国漁船団が突然、尖閣諸島に集結しました。彼らは日本の領海を侵犯し「釣魚島（尖閣諸島の中国名）は中国の領土だ」と気勢を上げました。日本政府が抗議すると、時の最高権力者で副総理だった鄧《とう》小平《しょうへい》はこれを「偶発的な出来事」と弁明し、「このような事件を今後は二度と起こさない」と約束しました。同年10月に日中平和友好条約批准《ひじゅん》書交換のために訪日した鄧小平は、同月25日の記者会見で尖閣諸島問題は次の世代の知恵にまかせる、つまり「棚上げする」ことで日中両政府が合意したと語りました。

しかし、実際にはそうした合意がなかったことが、２０１０年になってわかりました。自民党の河井克行《かわいかつゆき》衆議院議員の質問主意書に答えて日本政府がそのように回答したのです。では、なぜ、鄧小平が棚上げすると言った時に、日本政府、外務省は「そんな合意はしていない」「領土問題は存在しない」と明言しなかったのでしょうか。なぜ、１９７８年から２０１０年まで約32年間も黙っていたのでしょうか。我が国外務省は一体どの国のために働いているのかと厳しく問わざるを得ないのはこういうことが多々あるからです。あらゆるレルであらゆる捏造をするのが中国であり、それに対して日本が沈黙してきた結果が、現在の尖閣諸島をめぐる状況を招いたと言わざるを得ません。

しかし、中国が嘘をつくのは当たり前です。なんと言っても、中国の叡智《えいち》が結集された書物として知られる『孫子』には、最も優れた兵法は、相手を騙《だま》して勝つこと、戦わずして勝つことだと記されています。日本人の感覚では「約束は守らなければならないもの」ですが、中国にとって「約束は破るためのもの」なのです。いかに相手を騙して勝利するか、領土領海を奪い取るか、そのために戦術として嘘をつき、約束を破るのです。中国は日中平和友好条約を結んだ1978年当時、日本の経済援助を必要とし、軍事力も脆弱《ぜいじゃく》だったため、鄧小平は虚構の棚上げ論で時間をかせぎ、その間に経済力をつけ、軍事力を増強するや、約束を破り、尖閣問題を「棚おろし」したわけです。

中国は、偽りだらけの姿勢を変え、軍艦を改造した漁業監視船や、EEZ内を勝手に調べる海洋調査船を派遣して周辺諸国を恫喝することを、一刻も早くやめるべきです。

と、日本側がいくら言っても、彼らは聞く耳を持ちません。であれば、日本が中国に侮られない十分な軍事力を備え、毅然《きぜん》と対処するのが正しい解決法です。

共産党一党独裁の国と、民主主義国家が戦う時、どちらの政治体制が有利かと言えば、やはり一党独裁国家でしょう。国民1人1人の命や権利を大切に考え、民意に配慮し、きちんとした手続きを必要とする民主主義国家と、国民の命など二の次、三の次、予算をどれだけ軍事に注入しても非難の声を上げることを許さない独裁国家とでは、戦略の構築にも実行にも大きな差が生じます。例えば航空機で100人の軍人を尖閣諸島の上空からパラシュートで落下させ、半分が着陸して、残りの半分が海に落ちて死んだとしても、共産党中枢部は涼しい顔をしているかもしれません。他方、それに対応する日本側は、海上自衛隊を派遣するとしても、事前の閣議決定や国会での決議などを含めて慎重な手続きが必要とされます。一党独裁の国は何事も瞬時に決定して実行に移せます。民主主義の国ではどうしても時間がかかり、急変事態への対処は遅れがちです。とりわけ日本はこの種の作戦を可能にする法律が整備されておらず、作戦の迅速性や自由の幅がないのが特徴です。

こうして見ると、ギラつく野望を隠さない中国の脅威と対峙するには、相応の覚悟が必要です。日本は中国の嘘や無法に徹底的に抗議し、中国の主張の理不尽さを国際社会に広く周知徹底しなければなりません。同時に、海上保安庁はもちろん、自衛隊を十分に増強することです。中国が約四半世紀にわたって

2桁《けた》の軍事費拡大を続けてきたのに対し、日本は軍事予算を削減し、自衛隊員も減らしてきました。これまでの日本の、いわば軍縮路線を転換し、海上自衛隊を中心に予算と人員を増やし、潜水艦を中心に装備を増強していかなければなりません。かつて米ソ冷戦時代には、海上自衛隊の潜水艦の監視力によって旧ソ連の軍艦を北の海に事実上封じ込めました。それと同じことを、今度は南西諸島の海で実行すべきです。我が国の南西の海に潜水艦を潜ませ、中国の艦隊が容易に日本周辺海域を通って外洋に出ることができないよう、牽制《けんせい》すべきです。なにより日本国憲法を改正して、自力で国を守ることのできる体制作りを一日も早く実現しましょう。

中国共産党は日本には「戦う意思がない」と分析し、恫喝と圧力をかけ、いずれ必ず尖閣諸島を奪いにきます。彼らは私たちの足元を見切っています。だからこそ私たちは見切られていることを自覚し、今こそ反撃に転じなければならないのです。

主張1　早急に尖閣諸島に関連する人員を増やせ

尖閣諸島をめぐって日本の覚悟が問われています。

２０１２年7月7日、野田佳彦《のだよしひこ》首相が東京都に代わって日本政府が島々を購入する意思を明らかにすると、中国農業省が12日、「中国の領土である尖閣諸島周辺海域を、不定期ながら巡視する」と発表しました。事実、中国は7月11日と12日の2日間、続けて、「漁政」3隻を派遣し、日本の領海を侵犯しました。

一方、人民日報は、「国と国との関係は子供の遊びではない」、「（日本の挑発が）度を越せば、釣魚島（尖閣諸島）問題を制御できなくなる危険性がある」（産経新聞、２０１２年7月14日）と強調し、武力行使も辞さないことを示唆《しさ》しました。

尖閣諸島をめぐって起き得るあらゆることを想定して、私たちは国として、その個々のケースにどのように、どこまで対処するかを考えておかなければなりません。緊急事態はいつでも発生し得るのです。

尖閣諸島問題は、戦後ずっと国防を日米安保体制に依存してきた日本が、初めて、他国に頼りきりでよいのだという甘い幻想を破られて中国との深刻な衝突に直面する事案となりつつあります。この危機の捌《さば》き方が、いわゆる戦後問題を、日本自身が解決できるか否かを占うことになるでしょう。

自国領土は自国の意思と力で守り切るという、普通の国々が当然のことと見《み》做《な》し、備えている祖国防衛の基本を日本も打ち立てられるか。覚悟を固め、シミュレーションを行ない、シミュレーション通りに守り切る力を備えることができるか、こうしたことのすべてが問われています。日米同盟は非常に大事ではありますが、アメリカに守ってもらうという他力本願志向から、日本は脱することができるのかと厳しく問うているのが尖閣諸島問題です。

尖閣領有を中国が諦《あきら》めることは考えにくく、中国は必ず手を出してきます。海から上陸するのか、空から上陸するのか、いずれにしても事に及ぶ時は一挙に動くと考えるのが妥当です。

南シナ海でベトナムやフィリピンから島々を奪った事例で見れば、最初に上陸した中国人の男たちは明らかに軍人です。上陸するや、中国の国旗を立て、時を置かずして資材を運びこみ、あれよあれよという間に建築物を完成させるのが彼らの手法です。このようにして奪った島々には、今では強固な建物が完成され、滑走路まで備えられています。明らかに軍用施設ですが、中国政府は、これらはすべて漁民のための避難施設だと言います。

施設を作っただけではありません。中国は南シナ海の西沙《せいさ》諸島、中沙《ちゅうさ》諸島、南沙諸島の3つの群島の行政を司《つかさど》る三沙《さんさ》市という新しい行政区まで設けました。行政組織上、南シナ海のほぼすべてを中国の一部とする形を完成させていたのです。

南シナ海で起きたことを我が国周辺の海、東シナ海、尖閣諸島で繰り返させてはなりません。島に中国人が上陸するようなことがあれば、その段階で即、日本側は彼らを勾留《こうりゅう》しなければなりませんが、これまでの事例と較べて状況は格段に困難になることが予想されます。

尖閣諸島に中国人7名が上陸した2004年には、中国政府は手出しをしませんでした。しかし、これからは軍事的手段も排除せず、断固たる姿勢で乗り出してくると考えるべきでしょう。一旦、彼らの上陸を許してしまえば、中国政府は黙って引き下がりはしないでしょうから、問題は複雑にならざるを得ません。日本も断じて譲れません。だからこそ、大事なのは中国人の上陸を許さない堅い守りの態勢を作ることです。

軍事力とは別に「価値観の闘い」を挑む

島を守る態勢の基本は海保が存分に働けるような条件を整えることです。民主党政権は2012年9月にようやく改正海上保安庁法を施行しました。それまでは海保は海の上でだけ取り締まりが許され、陸上においては不法上陸者を取り締まる権限を与えられていませんでした。海保の巡視船の間をくぐり抜けて小型の漁船が島に接近して中国人が不法上陸したとしても、手出しができないという欠陥を抱えていたのが改正前の法律でした。

改正後、海保は警察官の到着を待つことなく、自ら侵入者を取り締まれるようになりました。けれどそのようなこと、つまり、コーストガードが海から陸地に侵入した犯人を捕らえることはどの国においても当然のことなのです。それを許していなかった日本の国防体制がいかに異常か、無意味な机上の空論でしかなかったかを、２０１２年９月以前の海保法が示しています。

法改正によって海保は領海に侵入した外国の漁船や貨物船に対して退去命令を出すこともできるようになりました。改正前は退去命令を出すにはその船に立ち入り検査をしなくてはならず、立ち入り検査は相手の船の同意がなくてはできないとされていました。日本の海を侵す船が日本の海保の立ち入り検査に同意するとは思えませんから、この点でも日本の国防体制は虚構に満ちていたといえます。国際社会は善意に溢《あふ》れているとの思い込みで書かれた現行憲法の前文同様、非現実的な世界を想定した虚構の世界の価値観が海保法であり、尖閣の守りだったということです。

法改正を行なった今、次に海保の巡視船と人員を、急いで増やさなければなりません。２０１２年８月、民主党政権は２０１３年の予算で海保に最新型の巡視船４隻を導入する方針を示しました。大いに結構です。けれど実際の配備は3年後だそうです。もっと急がなければ間に合わないと思うのは私だけではないでしょう。また尖閣諸島に海保の職員をはじめ、気象庁の職員も環境省の職員も上陸して各々の仕事をする必要があります。島に日本人が常駐することが大事です。

もっと大事なことは、海保の力の充実と同時に、自衛隊の力を充実させることです。自衛隊の隊員、装備のすべての予算を増やし、自国を守る決意を形にして示さなければなりません。

そのうえで私たち全員が覚悟を持つことです。中国が譲らない場合、最終的に戦う覚悟でこの事態に向き合うことでしか、問題は解決できないことを認識しなければなりません。

尖閣をめぐって戦いが起きても、日本は中国の挑戦を退ける十分な実力を備えているというのが多くの専門家の見方です。しかし、軍事的ぶつかり合いだけを考えるのでは不十分です。その他の考え得るおよそすべてのことに関して準備しておかなければならないのは当然です。なぜなら中国側が、考え得るおよそすべての外交的、経済的手段を駆使して反撃するのは目に見えているからです。

２０１０年の尖閣領海侵犯事件の時は、フジタの社員４人を突然拘束《こうそく》し、レアアースの輸出を止め、その他多くの日中交流事業を中止しました。日本への中国人旅行客は団体、個人を問わずキャンセルが相次ぎました。次はその程度では終わらないでしょう。もっと多くの日本人が身柄を拘束されたり、中国に進出している日本企業が突然税務調査を受けたり、日本企業で働く中国の労組が突然ストライキに入ったり、日中貿易が理由も示されずに突然停止されたりすることも考えられます。

外交的にも中国は日本封じ込めのためにあらゆる手を打つでしょう。例えば、アメリカに対して非常に友好的な政策を打ち出し、アメリカを中国側に立たせるところまではできなくとも、日中双方に対して中立の立場をとらせるなどということは全力を挙げてやるでしょう。日米同盟に楔《くさび》を打ち込み、日本を孤立に追い込もうとすることが考えられます。

こうした全分野にわたる挑戦に日本国と日本人は耐え、賢く乗り越えなければならないのです。

そのためにも日中の軋轢をいかにしてかわすことができるか、今こそ深く考えることが大事です。

中国と対峙するには、前述したように物理的に尖閣諸島を守る軍事力を充実させると同時に、果敢に中国に価値観の闘いを挑むのが上策です。中国は国際法を守りません。国連海洋法も守りません。島々や海をどの国がどれだけ長く自国のものとして活用してきたかなど、歴史の事実も見ようとしません。このような中国の不条理に対して、他国の海を奪う野蛮で違法な行為は断じて許さないと、内外に明確に伝え続けるのです。

なぜ、日本が中国の行動に怒るのかを中国にも国際社会にも示すために、尖閣諸島の歴史をわかり易く、発信し続けることを始めなければなりません。なぜなら中国では、「中国の領土である尖閣の領有権を、突然、日本が主張し始めた」というような正反対の歴史を教えているからです。

この際、中国が、チベット、ウイグル、モンゴルなどの民族から土地を奪い、これら異民族の人権を弾圧し続けていることも、明確に指摘し続けましょう。中国国内には中国共産党の政策を批判し、自由を求める人々も多くいます。そのような人々に共感する証《あかし》として、中国共産党の、私たちとはあまりにも異なる価値観を、毅然として非難し続けることです。価値観の闘いを果敢に推進することが、中国国内の民主化勢力を勇気づけ、中国を内側から変革させる力になっていくはずです。

日本ができることは、断然、多いのです。覚悟さえ固めれば、必ず、できます。そのことに早く気づき、国家戦略として政府と国民が共に取り組んでいきたいものです。

機能不全の外務省、中国共産党の「御用聞き」であってはならない

恐るべきスピードで海軍力を増強してきた中国は、もはや尖閣諸島問題は〝議論の段階〟を過ぎ、力によって島々を制する時期に入ったと考えている節があります。

2012年9月11日に日本政府が尖閣諸島を国有化すると、中国は反日デモを煽動《せんどう》し、日本製品の通関を厳しくするなど、さまざまな手を使って日本への圧力を強めました。日中国交回復40周年の式典も突然キャンセルし、それをすべて日本の責任だとして日本非難の声を上げました。

その後、反日デモを抑制する姿勢に転じましたが、トヨタを筆頭に日本の自動車メーカー、イオン、パナソニック、キヤノンなど、多くの企業が軒並み凄《すさ》

まじい被害を受けた後の方針転換でした。中国は1000隻ともいう大漁船団の派遣も示唆し、実際に大型の艦船群に島を取り囲ませました。多い時には10隻を超える大型艦船を尖閣の接続水域及び領海に侵入させ、日本に心理的な圧力をかけ続けました。

梁光烈《りょうこうれつ》国防相は9月18日、米国のパネッタ国防長官との会談で「騒ぎを引き起こした責任は、完全に日本側にある」「我々はさらなる措置《そち》を取る権利を有している」とまで述べました。国家主席就任が目前の習近平《しゅうきんぺい》副主席は日本の尖閣国有化を「茶番だ」とパネッタ長官に語ったのみならず、国際社会は、反ファシズムの第2次世界大戦の結果を否定しようとする日本の目論見《もくろみ》を決して許さないだろうと述べて、かつて米中は共に日本を敵として戦ったとの立場を強調しました。このように中国は事あるごとに日本を第2次世界大戦の悪役と位置づけ、米中こそが真のパートナーであるべきだとの歴史認識で日米の分断を狙うのです。

この中国に対し、日本側は政府も多くのメディアも「冷静に対処」するのが正しい道だと主張しますが、私はこの考え方は根本的に間違っていると思います。冷静に対処するという理屈で日本が手を打たなければ、それこそ中国の思うつぼです。

そもそも日本政府が尖閣諸島を国有化していなければ、いずれ中国は日本のスキをついて尖閣諸島に上陸し、力で尖閣諸島を奪いにきていたはずです。そしていったん島を奪ったが最後、彼らは南シナ海でしているのと同様、あっという間に軍人を住まわせ、民間人を移住させ、漁業施設の名目で実質的な軍事拠点を作ってしまうでしょう。

その意味で、尖閣国有化のきっかけとなった石原慎太郎《いしはらしんたろう》都知事の尖閣諸島購入計画は、中国が尖閣諸島に手をかけるまさにギリギリのタイミングで打ち出されたと考えます。

私は石原氏の構想にはもちろん賛成で、ささやかながら寄付もしました。講演をする際も、機会があれば購入計画への協力を呼びかけていましたが、そのたびに、参加者の方からは大きな反響がありました。

石原氏自身も語るように、本来なら尖閣諸島は国が購入し、しっかりと活用することで守っていくべきものです。しかし歴代の自民党政権も、民主党政権も、中国との摩擦を恐れるあまり、なすべき行動も主張もほとんどしてこなかったことが残念でなりません。

2010年9月に中国漁船が尖閣周辺の領海を侵犯した後の11月、当時の菅《かん》直人《なおと》首相は衆議院予算委員会で「国有化を検討させたい」と発言しました。にも拘《かかわ》らず、実際に検討された形跡はまったくありませんでした。言葉だけだったのです。

菅氏の後継首相となった野田氏の下でも状況は変わりませんでした。政府は、日本国民の島への立ち入りを一切許さず、島を所管する沖縄県石垣市が現地調査を申請しても、認めませんでした。「日本」なのに、日本人が立ち入ることのできない無人島として放置してきたのです。今、私は民主党政権についてのみ言及しましたが、かつての自民党もこの点は同じです。

その間に中国は尖閣諸島の「領有」を目に見える形で示そうとし始めました。2011年には公船が領海に侵入し、2012年になって、「定期的な巡回」だと言い出しました。また、すでに述べたように、国家海洋局の大型艦船が、尖閣付近に台風接近の日を除いて毎日姿を現わしているのが現状です。彼らが明確に尖閣諸島は中国の「核心的利益」だと言い始めたことも重要な点です。

2012年5月12日に行なわれた北京での日中韓の首脳会談の際、温家宝《おんかほう》首相のほうから野田佳彦首相に二国間で少人数の会合を開きたいとの申し入れがあり、翌日、会談が行なわれました。

中国側が最初に話題にしたのはウイグル問題で、「ウイグルの母」と呼ばれる人権活動家のラビア・カーディル氏を「ラビア」と呼び捨てにしました。彼女は犯罪者であり、ドルクン・エイサ事務総長はテロリストだと悪しざまに非難したうえで、日本は彼らのためにいかなる対話の場も設けず、彼らへの便宜もはからないようにすべきだとクギを刺しました。あたかも宗主国が属国に命令するような物言いです。この時、彼らは「ウイグルは中国の核心的利益」だと明言しました。

その次のテーマが尖閣諸島で、温氏は尖閣については「重大な関心事」だと言いました。この時、野田氏が尖閣諸島は歴史的にも国際上も日本固有の領土だと応じたことは報道された通りです。

ところが、会談を受けて開かれた中国外務省の記者会見では、ウイグル問題と尖閣問題を温家宝首相が中国の「核心的利益」だと述べたと発表されました。実際の会談での発言はウイグル問題と尖閣諸島問題には異なる表現が使われていたのですが、中国外務省は両方共に「核心的利益」と表現したと発表したわけです。それまでは中国共産党機関紙『人民日報』が2011年1月17日の紙面で尖閣諸島を中国の核心的利益として報じましたが、いよいよ、中国政府自身が尖閣諸島を「核心的利益」と呼び始めた点で、この会見は重要な転換点だったといえます。

その後の5月22日、今度は中国共産党の王家瑞《おうかずい》対外連絡部長が江田五月《えださつき》元参院議長に北京で尖閣諸島を「核心的利益」だと述べました。尖閣は核心的利益という中国政府の強固な意思がさらに明確にされたわけです。尖閣は必ず取るという強固な意志を中国政府が見せつけたのです。それでも日本政府には、尖閣の守りを固めようという動きは見られませんでした。

石原氏による購入計画が浮上した当初は、藤村修《ふじむらおさむ》官房長官が「必要ならそういう（国有化の）発想で前に進めることもあり得る」と言い、野田首相も

「ありとあらゆる可能性」を口にしました。野田首相の尖閣国有化への想いは強く、首相補佐官の長島昭久《ながしまあきひさ》氏と官房副長官の長浜博行《ながはまひろゆき》氏を石原氏の元に向かわせ、国が買うことについての了承を得させました。石原氏は幾つか条件をつけたといいます。例えば船だまりを作ること、灯台を建て直すこと、漁民などが泊まれるようなささやかな建物を作ることなどです。野田首相は当初これらの条件をすべて受け入れて、都に代わって国が島を購入することを決意したと思われます。しかし、党内から反対論が起きました。

玄葉光一郎《げんばこういちろう》外相がブレーキをかけました。外務官僚が玄葉氏に、「国有化計画自体が中国を刺激する。まして船だまりなどはとんでもない」などと強く訴え、外務省の意を受けて玄葉氏がその旨を首相に訴えたのです。

さらに岡田克也《おかだかつや》副総理も強硬でした。いかなる建築物も構築物も作ることは控えるべきだ、日中経済交流に多大な損害が出るなどとして、野田首相に迫りました。野田首相はこうした党内の反対論に抗しきれず、せっかく国有化を実現しながら、島には一切手を加えないことを表明したのです。

日本がどれだけ配慮しても中国が日本の配慮に応えることはありません。反日デモの凄まじさ、それを許容した中国政府の姿勢、その後ずっと、尖閣周辺海域に公船を出し続けている強気の対応を見れば、中国側は1㎜も譲らないことは明らかです。にも拘らず、こちらが頭を低くしていれば物事が収まると考えるのが外務省です。それではすべての物事が中国の思い通りに収まってしまいます。外務省は、中国共産党の「御用聞き」なのかと問わざるを得ないほど、彼らは日本の主張を展開する代わりにひたすら中国の顔色を窺《うかが》い、中国の意向に逆らわないように〝気兼ね外交〟を展開して現在に至ります。首相がこんな外務省の姿勢に影響されて自分の信念まで曲げるようでは、日本の国益を守ることはできないと断言してよいでしょう。

こうした外務省の「御用聞き外交」をより顕著《けんちょ》な形で体現しているのが、丹羽宇一郎《にわういちろう》在中国日本大使でした。丹羽氏は月刊誌『Voice』2012年3月号でインタビューに応じていますが、「日中の衝突は身体を張って阻止する」と題された記事の内容は、まさに日本ではなく中国の国益を代弁するかのようでした。

丹羽氏は尖閣問題に関する質問に対し、故・周恩来《しゅうおんらい》元首相の「和すれば益、争えば害」という言葉を引き、こう語っています。

〈中国とやるなら徹底的にやるべきだという人がいる。でもそれは、いったいどういう意味なのでしょうか。軍事衝突も辞さないということでしょうか〉

この言葉に、私は憤《いきどお》りを感じました。「徹底的にやるべき」ということを、いきなり「軍事衝突」に結びつける短絡的な思考は、外交とはほど遠いものです。守るべきものを守り、交渉すべきことは交渉する。そして、相手が国際法を破るなどの行為をしてきた際には厳しく抗議し、国益を損なわないよう、戦略を持って対峙する。アメリカや東南アジア諸国との連携を強める。経済においても中国リスクを十分に考えておく。こうしたことを行なったうえで、いざという時には、こちらにも力で島を守る気概は十分にあるのだということを示し、その気概を支えるためにも海保、自衛隊の力を充実させるというのが外交の手順というものです。

そもそも丹羽氏は周恩来の言葉をどれだけ勉強したのでしょうか。周恩来とキッシンジャーの機密会談で、周がいかに日本に強い悪意を持って日本を悪しざまに言い、日本に力を持たせないよう米国に働きかけていたかを知ったうえで、彼の言葉を引いているのでしょうか。「争えば害」と言いますが、そもそも「争い」を仕掛けてきているのは、常に中国です。日本の領土であることが争う余地もない尖閣諸島を「問題化」し、理不尽にも奪い取ろうとしているのは中国です。「和すれば益、争えば害」の言葉は中国に向けてこそ発するべきものです。

丹羽氏についてもう一点。氏は伊藤忠商事の時代、深田祐介《ふかだゆうすけ》氏との対談で、「日本は中国の属国として生きていけばいいのです」と発言したと、深田氏が月刊誌『WiLL』2012年7月号に書いています。丹羽氏の発言に驚いた深田氏が「日本は中国の属国にならなくちゃならないんですか」と聞き返すと、「それが日本が幸福かつ安全に生きる道です」と繰り返したそうです。東京都の尖閣諸島購入の動きに対しても、反対を表明するなど、中国寄りの姿勢には大きな疑問を抱きます。

野田政権は尖閣諸島の国有化に際して、ようやく事実上丹羽氏の更迭《こうてつ》を決めました。遅すぎる更迭だと思います。そして後任の西宮伸一《にしみやしんいち》前外務審議官が急死し、外務省官房長から内閣官房副長官補となった木寺昌人《きてらまさと》氏が急遽、大使に任命されました。しかし、こんな時だからこそ、官僚ではなく、芯《しん》の強い、歴史観と国家観を持った立派な日本人、立派な民間人を大使に選ぶべき時なのです。私の勝手な想いでは、この難しい状況で大使を務められるのはJR東海の葛西敬之《かさいよしゆき》氏のような人物だろうと思います。

台湾に〝入会権〟を認めるのも尖閣対策の一手

丹羽氏や外務省の及び腰とは対照的に、したたかに中国と対峙し、国益を守ろうとしているのがベトナムです。

ベトナムはGDPにおいて中国の50分の1以下、軍事力も比較にならないほど弱小です。それゆえに、細心の注意を払って中国との摩擦を避けながら、極めて現実的な対応をしています。

1974年に中国に西沙諸島を奪われたベトナムは、その領有権を主張し続ける一方で、南沙諸島に領有する21の島々を守るために、人が住めるような島にはまず軍人を居住させました。さらに一般国民の移住を奨励し、寺院を建てて6人の僧侶を送り込みました。診療所や学校も建て、人々がその島に定着できるようなコミュニティを作りました。

2012年5月に私がベトナムを訪問した際、ベトナム外交学院戦略研究所事務次長のグエン・フン・ソン氏は「国民全員で国土を守る国民戦争だ」と言いました。一般の国民がそこで生活を営んでいれば、中国も手を出しにくくなるわけで、そのために国民は島で暮らすことによって中国との戦いに貢献するという考えです。

ベトナムはかつての敵・米国との関係を深め、TPPへの参加も表明しています。中国はこれに反対し、圧力をかけ続けていますが、ベトナムは経済でも新たな発展段階に進もうとしているのです。

彼らが目指しているのは、より豊かでより強く、より自立したベトナムです。これに日本は最大限の協力をすべきですし、同時にベトナムから学ぶべきです。ベトナムより国力も軍事力もはるかに勝る日本なのですから、自らを信頼し、自信さえ持てれば、中国に対峙できるのです。

具体的には、尖閣諸島を国有化するだけで終わらせないことです。

本格的な灯台を設置し、港を整備し、無線基地やヘリポートも作る。宿泊施設も整えて政府関係者や石垣市の職員などが常駐し、海上保安庁がしっかり巡回し、沖合には海上自衛隊の艦船を浮かべておくのです。緑豊かな島にするために生態系の研究者や漁業関係者など民間人も頻繁に出入りできるようにする。石垣市の中山義隆《なかやまよしたか》市長が提案しているように、国際的なフィッシング大会を開催するのもいいでしょう。

こうしたことの中でとりわけ重要なのが台湾に特別の配慮を払うことです。台湾と協定を結んで、台湾の漁業関係者に入会権のような特典を認め、双方の漁船がともに尖閣周辺海域で漁ができるようにすることです。石垣の漁業組合と台湾の漁業組合が合弁会社を作り、魚を台湾で加工し、日本が輸入するという考えが日台間で検討されています。双方にとってよい考えだと思います。

台湾が日本の統治下にあった時には、尖閣周辺の海域では日台の漁民が共に漁をしていました。この海を日台の共栄の海とすれば、中国と台湾が尖閣問題で手を組むこともないはずです。ところが中国の巡視船と漁船団が周辺海域から引いたと思うと、今度は台湾の巡視船と漁船団が押し寄せ、領海を侵犯しました。だからといって台湾の馬英九総統が中国と一緒になって日本に対抗しようということではないと思います。台湾側の意図は漁業権の確立にあると言ってよいでしょう。ですから一日も早く日台漁業交渉を再開して結果を出すのがよいのです。にも拘らず、民主党政権の動きがにぶいことが、日本を苦しい立場に追いやっています。

尖閣諸島国有化決定の後、野田政権は異常なまでの事なかれ主義に陥《おちい》りました。野田首相は「大局に立って冷静に対処する」「毅然として万全の対策を取る」などと言うばかりで、積極的に島を守る手だてを施そうとしていません。岡田克也副総理や玄葉光一郎外相らが首相に強い圧力をかけたことはすでに述べましたが、それで諦めてしまうのでは首相の資格はありません。ひたすら中国を恐れる岡田、玄葉両氏や外務省の態度が言語道断であり、およそ国家のとるべき姿勢ではないことは再度強調したいと思います。

中国は武力に訴えてでも尖閣諸島を奪い取る姿勢を鮮明にしているのですから、日本にいま必要なのは、武力衝突もあり得ることを念頭に中国情勢を分析することです。日本が整えるべき準備の中に、防衛予算の大幅な増額も入っていなければなりません。防衛省の考えをあらゆる場面で聞き、一体どんな対策が必要なのかについて軍事の専門家集団の意見を真摯《しんし》に聞かなければなりません。ところが、2012年9月18日に開いた尖閣諸島についての関係省庁次官会議から、政府は肝心要の防衛省を排除しました。複数回の関係閣僚会議にも森本敏《もりもとさとし》防衛相は呼ばれていません。これは日本は軍事力を用いてでも島を守ることはしないと発表するに等しい態度です。国際社会に「日本は主権の基本である国土防衛にも立ち上がらない国」という印象を与えてしまいます。軍事力を背景にして迫ってくる中国は、日本政府の行動は笑い種《ぐさ》に見えるでしょう。中国は喜んでいるでしょうし、ロシアも韓国も同じでしょう。

「まともな国家」、「立派な日本人」へ

石原氏は尖閣購入問題を通じて、日本人に「国家」を意識させ、国益とは何かという命題を突きつけました。中国の手から日本は国家・国民を守らなければならないことを明確にしました。そのために立派な日本人を多く育て、日本を自立国家に作り直していく作業を始めなければなりません。その第一歩が憲法改正です。

憲法改正の柱は大きく3つ。第一に日本の国柄を明らかにする、つまり祭祀を司る天皇を国家統合の中心に置き、元首として位置づけることです。第二に9条を改正し、自衛隊を国軍として位置づけることです。第三は教育です。権利と自由だけでなく、そうした価値観の前提としての責任や公のために貢献する尊さを大事な価値観として位置づけることです。

民主党が国家を守る気概を持てないのであれば一日も早く政権の座を降り、新たな政権の枠組みを作らなければなりません。大きな流れで言えば、2011年6月に超党派の有志で発足した「憲法96条改正を目指す議員連盟」のメンバーらが軸となって憲法改正の動きを加速させ、日本再建を実現していくのではないかと思います。私も民間憲法臨調の代表として、日本再生に力を尽くしたいと願っています。

尖閣諸島問題で浮上した論点が、日本がまっとうな国家へと向かう大きな潮目となると、私は見ています。

「ニッポンの国土」を中国に売り渡す政治家・官僚は恥を知りなさい

中国による日本の国土への脅威は「尖閣諸島」にとどまらず、列島のあちこちを侵食しています（次ページの地図5参照）。

新潟市と名古屋市で、中国は総領事館の用地取得に奔走《ほんそう》し、地元の強い反対にも拘らず、新潟市では2012年に入って、遂に中国が土地を手に入れてしまいました。今も名古屋の一等地を狙っています。なぜ新潟と名古屋なのか？

中国の動きには当然、理由があります。日本国内にある中国大使館・総領事館は7か所ですが、すでに東京・大阪・福岡・札幌・長崎の5か所は以前から、また新潟でも前述のように中国政府に土地を所有されてしまっています。

名古屋については後述するとして、まず新潟市の状況を振りかえります。2

地図5　中国が日本で取得（交渉中も含む）している土地

012年3月、県庁に隣接する民有地約1万5000㎡が中国総領事館側と売買契約されていたことが明らかになりました。問題の土地に関して、すでに契約は済んでいますが、2012年9月時点では登記はなされていないと聞きます。日本における土地所有権は他国に比べて非常に強く、いったん中国の手に渡れば、この広大な土地が治外法権化してしまう可能性は高いのです。

そもそも、総領事館に1万5000㎡という広大な土地が必要とは考えられません。業務といえばビザの発給程度で、ビルのワンフロアかツーフロアあれば十分なはずです。なぜ中国はこれほど広大な土地を求めるのか。ここからは、単純に「現在は賃貸だが所有したい」というだけにはとどまらない中国の戦略的な意図が見えてきます。

新潟は、地政学的に非常に重要な位置にあります。

中国は2005年に北朝鮮の羅津《ラジン》港の第1埠頭《ふとう》を租借《そしゃく》し、金正恩《キムジョンウン》体制になってさらに羅津港の第4、第5、第6埠頭の建設権を得て租借しました。中朝国境から羅津につながる幹線道路もすでに租借していますから、中国は自分の国土を移動するのと同じ感覚で日本海に出ることができます。

羅津から進路を東に取れば津軽海峡で、すでに中国にとって太平洋への重要な出口になっています。羅津から潮の流れに乗って南下すれば、佐渡島、さらにその先の新潟にぶつかります。中国が佐渡島と新潟に拠点を作ることができれば、日本海は中国の〝内海〟化する危険性があります。中国側から見れば、だからこそ拠点となる新潟市に広大な土地を求めているのです。まさに日本の安全保障に関わる問題です。

そもそも、このような事態を招いたのは、丹羽宇一郎中国大使らの気概なき外交です。

2011年7月、日本政府は北京に新しい日本大使館を完成させましたが、中国政府は申請のなかった吹き抜けが作られているとして完成した新大使館の使用を認めませんでした。そのうえで新潟と名古屋の土地の買い取りについて、日本政府に便宜を図るよう要求してきたのです。

筋違いの要求ですから、拒否すればよいだけですが、中国の属国になるのが日本の幸福だと信じている丹羽氏らは本省に泣きついたのです。結果として、玄葉光一郎外相、野田首相の了承を得て、「中国側の要請に関連国際法に従って協力する」との口上書を中国政府に提出しました。この前代未聞の屈辱的な対応の結果、その2日後に、日本大使館の使用許可が下りました。明らかにバーターによる妥協で、丹羽氏と日本政府はまんまと中国の罠《わな》にはまったのです。

日本政府が中国に対して国土を売り渡している個別の案件をもう少し見てみましょう。2011年4月、中国政府は東京都港区南麻布にある国家公務員共済組合の土地約1720坪(約5677㎡)を一般競争入札によって約60億円で落札しました。この土地は現在の中国大使館約3900坪の土地に隣接しており、中国政府は都心の一等地に計5620坪もの土地を得たことになります。この土地購入について衆議院外務委員会で自民党の小野寺五典《おのでらいつのり》議員が厳しく質問しました。松本剛明《まつもとたけあき》外相(当時)は外交に関するウィーン条約第21条で大使館などの設置には便宜を図らなければならないことを定めていることを強調し、条約にのっとって対処したと語りました。ならば北京の日本大使館の使用許可についても、中国側に便宜を図るよう求めればよいはずです。

ウィーン条約では、大使館や領事館の設置は土地購入も含めて、接受国(日本）の事前同意が必要であるとし、しかも規模は適正でなければならないと定めています。この取り決めがあるのは、大使館や領事館は登記や登録に関する税も固定資産税も基本的に無税だからでしょう。南麻布の土地は無論のこと、新潟の土地も「適正な規模」をはるかに超えており、明らかにウィーン条約に反しています。

そもそも民主党は、外交は互恵主義、相互主義が原則だということを忘れているのではないでしょうか。中国政府は、自国の土地は一片も売りません。日本は政府も企業も中国では土地を借りるだけです。中国国内の日本大使館・総領事館7か所はすべて賃貸で、日本政府は高い賃貸料を払い続けています。一方、中国は大使館と6つの領事館のうち、新潟と名古屋をのぞいてすべて土地と建物を所有しています。新潟でも建物が完成すればそこに移るでしょう。繰り返しますがそれらはすべて無税なのです。これでは相互主義ではなく、片務主義です。

しかも日本にあるアメリカ大使館やイギリス大使館など他国の大使館、領事館はすべて賃貸です。同盟国であるアメリカには土地を貸すだけで、よりによってなぜ中国にだけ土地を売るのでしょうか。

日本政府はまず、互恵主義に基づき、中国政府には一切、土地を売らないようにすべきです。

また、新潟市には広大な中華街を作る構想もあります。中国の観光客増加を期待してこの構想を歓迎する地元の財界人も多いようですが、限りなく愚《おろ》かな考えです。ラオスの首都ビエンチャンでは、中国が東南アジア競技大会のための競技場を建設した見返りに中国人が広大な土地を譲り受け、人口約62万人のビエンチャンに5万人が住むチャイナタウンができあがりました。ラオスでは経済面で中国人が幅を利かせ、街中を中国人が我が物顔で歩いています。「人口力」を使って世界中で影響力を広げているのが中国です。目先の利益を追っている間に、気がつけば新潟県人は中国人の顔色を窺いながら街を歩くようになるかもしれません。

新潟と同様に、我が国の安全保障上の〝要衝《ようしょう》〟で、中国資本が狙っているのが、沖縄の土地です。今、辺野古《へのこ》から小さな湾を挟んで北側にある約90万坪（約300万㎡）のカヌチャリゾートで、中国資本による買収の話が浮上しています。カヌチャの高台からは、辺野古の飛行場予定地が見下ろせます。この土地を入手すれば基地内の動きを探るのはもちろん、いざとなれば飛行を妨害することさえ可能になります。

同リゾートは経営的に苦しく、赤字決算が続いていて、そこに中国から買収話が持ちかけられるようになったといいます。経営者は私の取材に「国防政策には協力するつもりですが、企業として生き残りの道を探らなければなりません」と苦しい胸のうちを明かしました。

自治体は「我々だけでは防ぎきれない」

水源地である森林・原野の買収もまた、国民生活に関わる大きな問題です。林野庁の調査では2006年から2010年の間に外国の法人・個人に買収された国内の森林は、少なくとも計40件、約620ha（約620万㎡）。2010年の1年間では10件45haで、うち6件が中国資本でした。

しかしこれは氷山の一角で、北海道の独自調査によれば、2006年からの5年間に道内だけで39件、計909haの買収が行なわれています。詳細は摑《つか》めていませんが、多くのケースに中国資本が関わっていることは間違いないでしょう。

新潟や沖縄のカヌチャリゾート、さらに森林などの買収について「民間の取引だから止められない」と考えるのは間違いです。

日本政府が、中国による「国土への脅威」を認識し、中国が野放図に土地を買い漁ることができなくなるよう、規制することが必要です。

北海道ニセコ町が水源地周辺の開発を規制する条例を施行するなど、すでに対策に乗り出した自治体もあります。

また、北海道議会は2012年3月23日、全国で初めて指定地域の土地取引を事前届け出制にする条例を全会一致で可決しました。その条例では、「水資源保全地域」を指定し、所有者が土地の売買契約を結ぶ際、3か月前までに買い主の氏名や利用目的などの道への届け出を義務づけるとしています。埼玉県でも、同様に水源周辺の土地取引を契約30日前までに事前に届け出ることを義務づける「水源地域保全条例」が同年3月26日に成立しています。

それでも、自治体だけの対応ではとても不十分です。限界があります。全国名水百選に選ばれている「うちぬき」と呼ばれる自噴井《じふんせい》のある愛媛県西条市の市長は、相次ぐ水源地の買収話に「我々では到底、防ぎきれない。政府がきちんと法整備してほしい」と訴えました。

日本の美しい国土の7割弱は山林で占められています。その山林をみだりに開発してはならないという環境保護条例、そして環境保護法を作るべきです。

アイスランドでは2011年、中国企業が約300㎢もの土地を買収しようとしたところ、中国政府の政治的・軍事的意図を感じ取ったアイスランド政府が土地取得申請を却下しました。新潟市の土地はすでに売買契約は済んでいるといいますが、まだ登記していないのならば、日本政府が主導して、すぐに違約金を払ってでも契約を解消すればいいのです。

そのうえで、民間同士の取引についても、安全保障上や国民生活の安定上、重要と考えられる場合には政府が土地売買を制限できるような法律を早急に整備しなければなりません。中国は、「民間」を装っていても、その背後に共産党の意向が働いていることが常識だからです。

今、超党派の議員が、外国人の土地取得を制限する法律を策定しようと検討を進めています。遅きにすぎるとは思いますが、それでも一応評価したいと思います。かといって、それだけでは不十分です。なぜなら、日本に帰化して日本国籍を取得した元中国人が共産党の意向に沿って動くケースも考えられるからです。そのため、あくまで「安全保障面などで重要と考えられる土地」について売買を制限できるようにすべきでしょう。

さて、冒頭で触れた名古屋市のケースです。この件に関して驚くべきことは、日本国の官僚が中国に土地を売りたがっているということです。

名古屋城近くにある約3万㎡にものぼる国家公務員宿舎名城《めいじょう》住宅の跡地について、財務省東海財務局が取得希望の受け付けを行ない、中国が総領事館の移転用地として買収に名乗りを上げました。財務省は2009年4月から空き家となっていた名城住宅を売り、その資金を新しい宿舎建設資金に充てると説明しています。河村たかし市長や地元住民が反対しているため、売買は一時ストップしていますが、公務員宿舎建設のために中国に土地を売るという考え自体、少しでも日本の国益を考えるなら、あり得ないことです。土地売却を事実上容認している政治家も、自ら国土を売り渡す官僚も、まさに恥を知るべきでしょう。

国民が真剣に声を上げ、中国への国土売り渡しを許さないと、政府に知らしめ、土地売買を制限する法律を策定するよう、訴えていくことが必要です。

主張2 いびつで一方的な日中外交を正せ

日本の運命を決する最大の課題は、中国と正しい関係を結べるか否かの一点に尽きます。すなわち、中国の脅威に正しく対処できるか否かです。

中国は全方位で影響力を強め、広げていますが、2012年2月中旬に明らかになった北朝鮮への接近はとりわけ巧みです。北朝鮮事情に詳しい政府中枢の人物によると、中国は北朝鮮に100万tのコメ支援を約束したといいます。ただし、現実にそれほど大量のコメが北朝鮮に搬入された形跡はありませんが、中国はともかくも、北朝鮮の日本海側の最北の港、羅津に新たな埠頭を建設し始め、租借する契約も結んだと報じられました。

韓国の聯合ニュースは2月15日、中国が羅津の第4~6埠頭の建設権と50年間の租借権を取得したことに加えて、投資規模は30億ドル（2356億円）だと報じました。

この記事によると、中国は北朝鮮と東北三省（遼寧《りょうねい》、吉林《きつりん》、黒竜江《こくりゅうこう》）と羅津を擁する羅先《ラソン》地域の共同発展に向けた羅先特区基盤施設建設契約を、金正日《キムジョンイル》総書記死去の前後に結んでいたということです。契約は2020年までに第1段階として羅津港に7万t規模の第4埠頭、旅客機と貨物機の離着陸が可能な飛行場、吉林省図們《ともん》と羅先を結ぶ鉄道を建設するという内容だとも報じています。羅津港の第5、第6埠頭の建設は第1段階の工事終了後に始める計画だといいます。

一方、日本の朝日新聞は2012年2月17日、中国は、コメに加えて重油50万tの支援も約束した旨、報じました。

羅津港は1930年代初期に日本が作った港です。中国はそこにすでに2005年に手を伸ばし、同港の埠頭を60年間、租借しました。租借というのは普通の賃貸ではありません。租借権を得た国は、その土地、港、建物などを主権に基づいて活用できるのです。つまり、極端な言い方をすれば、中国は羅津の埠頭で統治権を行使できるのです。羅津港はこれから少なくとも半世紀の間、中国領同様に、中国によって活用されるという意味なのです。

2005年時点で、中国は史上初めて日本海への直接アクセスを手に入れ、そのアクセスは第4埠頭などの建設によってさらに強化されつつあります。日本海への中国進出が拡大される結果、羅津港を出てすぐ目の前にある佐渡島と新潟の戦略拠点としての重要性が飛躍的に高まります。

そのことを十分に認識しているのが中国であり、そのために中国は新潟の土地取得に執念を燃やしたのです。眼前で進行中の事態は日本にとって、このうえなく深刻な脅威ですが、果たして日本政府も私たち国民もこうしたことを明確に認識しているでしょうか。

日中関係の中で朝鮮半島の持つ意味は特別です。とりわけ北朝鮮が深刻な危機の中にあり、体制の崩壊はいつ起きてもおかしくありません。むしろ、北朝鮮の統治体制は事実上崩壊していると見るのが妥当でしょう。その北朝鮮に対して中国が、決定的な影響力を保持していることとともに、中国の意図をしっかり見ておかなければなりません。

『朝日新聞』などが報じた中国のコメやエネルギー支援は、中国がなんとしてでも金正恩体制の北朝鮮を自らの影響下にとどめておきたいと考えていることを示しています。そのためには食糧もエネルギーも支援し、核やミサイルの開発にも目をつぶるということです。事実、2012年6月13日に朝日新聞が、中国が北朝鮮にミサイルの運搬・発射台用の大型軍用車輛4両を密かに輸出していたというスクープ報道をしました。国連は北朝鮮に対する大量破壊兵器関連の技術、物資一切の輸出を禁じていますから、中国は国連決議違反で北朝鮮を支援していたのです。中国は再三、決議違反の密輸はしていないと主張してきましたが、これらすべてが嘘だったことが判明したわけです。

ちなみに、朝日、読売双方の情報から、中国の軍用車輛4両の密輸の事実を暴くのに日本の海保が活躍したことが見えてきます。4両を運んだのはカンボジア船籍の「ハーモニー・ウィッシュ」号。大阪港に入港した同船を海保が立ち入り検査し、上海の輸出代理店が発行した輸出目録を押収しました。これを分析して中国の国連決議破りが発覚したのですが、中国が北朝鮮に与えたのは、大型のミサイルに対応できる特殊車輛で、射程8000㎞の大陸間弾道ミサイルを運搬し、発射の際にはその発射台となるものだったことがわかりました。

中国は当初、この事実を否定していたのですが、2012年4月、米国が中国に非公式に事実を照会したところ、初めて密輸を認めました。中国の言葉ほど信用できないものはないということです。

民主主義国である日米韓にとって、核、ミサイル、拉致《らち》などの問題を抱え、一向に態度を改めようとしない北朝鮮への援助はできるはずがありません。逆に共産党一党支配で、民意に必ずしも配慮しなくとも済む体制の中国にはおよそ何でもできます。この体制の違いを忘れてはなりません。

現在、米朝合意に向けた両国の交渉が進んでいます。詳細は詰められていませんが、経験不足の金正恩体制に対し、アメリカも必死で食い込みを図っているのです。日本にとっての朝鮮半島の重要性を考えれば、日本は韓国による平和統一を全力で支持するのがよいのです。中国が朝鮮半島を支配することがないよう、また拉致問題解決のためにも、リアルタイムで北朝鮮をめぐる諸国の動きを把握しておくことがすべての基本です。

中国は尖閣諸島の次に「沖縄乗っ取り」を目論んでいます

日本国の安全保障を考えるうえで、沖縄問題ほど複雑で重要な課題はありません。沖縄の存在、沖縄の人々の思い、本土の沖縄に対する姿勢、どれを見ても歴史のその時々の局面で揺らいできたと言ってよいでしょう。日本が自主独立の国として、自国の問題を自力で解決する意思を持てるのか、その意思を実行する能力はあるのかという基本的問題を日本人に突きつけているのが沖縄だという気がします。

2009年9月に民主党政権が誕生し、首相となった鳩山由紀夫《はとやまゆきお》氏は「最低でも県外」と言って、普天間《ふてんま》飛行場を辺野古に移設する日米合意をひっくり返しました。安全保障に関わる、国と国との合意を無にしたことによって、日米同盟は深刻な状態に陥り、日本の国益は大きく損なわれました。後に鳩山氏は国外や県外に移設できると考えたのは「認識が浅かった」「学べば学ぶほど（米軍の）抑止力（が必要）との思いに至った」と述べ、結局、元々の案と同じく沖縄県にお願いしたいと頭を下げました。しかし、沖縄県の反発は以前とは比較にならないほど強くなってしまい、2012年10月末時点でも移設の目途《めど》は立っていません。

沖縄返還40周年の節目の年が2012年です。本来なら、日本政府は2006年の日米合意に従って辺野古に移設するための具体的な段取りを進め、中国の脅威に対する強固な守りを完成させていてもよい時期です。しかし、そうさせない大きな要因は、鳩山首相誕生以前に、地元・沖縄の姿勢にあります。

冷静に考えれば、米軍再編は沖縄の基地負担を大幅に緩和します。在沖縄海兵隊の国外への移転規模は8600人に及び、残留する海兵隊は1万900人に減ります。海兵隊員の家族の移転も考えれば沖縄の負担はさらに減ります。沖縄県南部にある5つの米軍基地・施設も段階的に返還されます。

米軍基地が沖縄に占めている総面積も、再編によって現在の19％から12％へと縮小し、それによって広大な土地が沖縄に返還されることになります。基地の規模は縮小しても、米軍及び自衛隊の機能低下を避けるためには賢い工夫が必要で、そのひとつが普天間飛行場の辺野古への移設です。

アメリカ国務省の前日本部長であり、3・11の東日本大震災では「トモダチ作戦」を米国側で指揮したケビン・メア氏は、シンクタンク国家基本問題研究所においてこう語りました。

「普天間飛行場問題での選択肢は現状の固定化か、辺野古への移転しかありません。東アジア、西太平洋に配備されている米軍で唯一、機動力のある部隊が海兵隊です。機動力ゆえに海兵隊は最大の抑止力なのです。強靱《きょうじん》な精神力を持つ彼らは、米国の日本防衛に対するコミットの象徴でもあります」

そのメア氏は、2011年3月に「沖縄はごまかしの名人で怠惰《たいだ》」などと発言したと共同通信に報じられ、職を辞しました。しかし、氏は著書『決断できない日本』（文春新書）の中で、そのような発言はしておらず共同通信の報道は間違いだと反論しています。

基地負担の大幅軽減につながる再編、その第一段階としての辺野古への移転に沖縄の人々が反対するのは理屈に合いません。後述しますが、彼らの反対論が本当に地元の気持ちであるとも思えません。負担軽減を強く主張しながら、実際に負担が軽減する措置に反対するのは、米軍への感情的反対だと言われても仕方がありません。そのような〝地元の意思〟を見せつけられている米国が「本当に日本国政府も沖縄も南西諸島を守る気があるのか」と疑うのも当然です。

地元メディアや地元の政治家たちが主張する〝地元の意思〟は、本当に辺野古移設に対して「反対一色」なのかを見てみます。

2010年1月24日、辺野古を擁する名護《なご》市で市長選挙が行なわれ、受け入れ反対派の稲嶺進《いなみねすすむ》氏が容認派の島袋吉和《しまぶくろよしかず》氏に約1600票の差をつけ、1万7950票で当選しました。他方、報道機関の出口調査によれば、辺野古地区の有権者の7～8割が受け入れ容認で選挙を戦った島袋氏に投票していました。

次ページの地図7を見ればわかるように、名護市は低い山々を境に、東部と

地図6　沖縄の主な米軍基地

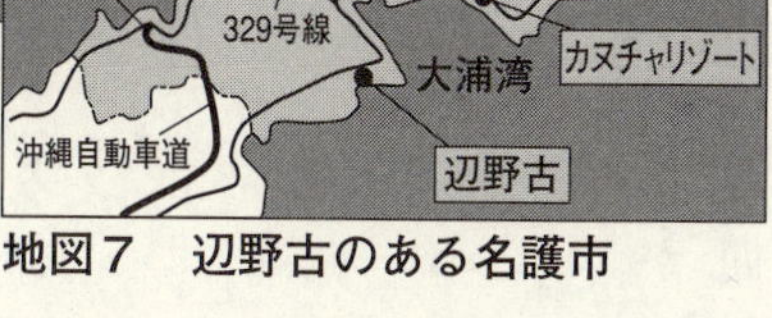

地図7　辺野古のある名護市

西部に二分されます。辺野古のある東部は人口が少なく、西部には市役所や企業が立地して多くの人が住んでいます。この西部の有権者の過半が辺野古移設に反対したため、反対派の市長が当選したのです。受け入れ容認という〝本当の地元〟の声が、人口の多い地域の「反対」の声に封じ込められたと言えます。

2010年春に辺野古区長の大城康昌《おおしろやすまさ》氏らを取材した時、彼らは私にこう語りました。

「西部の人々は山の反対側にいるから、辺野古に飛行場が来ても騒音などとは無縁です。負担は我々が担うのです。『地元の中の地元』の我々の大半は、条件付きで受け入れを了承してきました」

中国の軍事的脅威から沖縄を、そして日本を守るのは、日米同盟に支えられた国防力に他なりません。であれば、彼らの「負担を担う覚悟」は重視されるべきでしょう。

一方、2012年2月には、普天間飛行場が立地する宜野湾《ぎのわん》市の市長選挙が行なわれました。反基地闘争の先頭に立ってきた伊波洋一《いはよういち》候補が勝てば普天間問題の解決がさらに難しくなることが予想されましたが、結果は対抗馬の佐喜《さき》真淳《まあつし》氏が僅差《きんさ》ながら900票差をつけて勝利しました。沖縄の新聞を読む限りでは、基地に対する沖縄県民の感情は極めて悪く、伊波氏が圧倒的に有利だという印象がありましたが、伊波氏は敗北しました。このことは、沖縄県民の意識が「何が何でも反対」ではなくなってきていることを示しています。

伊波氏については、先述のメア氏が次のような興味深い指摘をしています。普天間飛行場ができた時、周囲には学校はなく、住宅もまばらでした。ところが宜野湾市が建築を許可し、多くの住宅が建てられ、基地が民家に取り囲まれました。さらに宜野湾市は基地の真ん前に小学校も作らせました。後に、危険を避けるために小学校移転計画が持ち上がりましたが、当時宜野湾市長だった伊波氏が断固反対したというのです。基地反対派は間近に住宅や小学校があるから普天間飛行場は危険だと言いますが、メア氏の指摘が本当だとすれば、伊波氏は基地反対闘争の材料として小学校を利用し、あえて危険にさらしてきたことになります。これこそ本末転倒です。子供たちへの危険を回避し、静かな環境で学校生活を送らせたいと願うならとり急ぎ学校の移転を考えるのが妥当な解決法のはずです。しかし、こうした疑問について、沖縄のメディアはほとんど報じないのです。

PAC3配備に「穏やかでない」

たとえ沖縄で基地受け入れ方向に民意が変化したとしても、たとえ〝本当の地元〟の声が移設受け入れを示したとしても、そのことが地元メディアで報じられることはほとんどありません。「反対」だけが強調されて報じられていると言ってよい状況であり、どう見ても地元メディアの報道は偏《かたよ》っていると言わざるを得ません。

具体的に見てみましょう。2012年4月、北朝鮮が人工衛星と称してミサイル発射を予告し、政府がPAC3（地対空誘導弾パトリオット）を沖縄本島と先島諸島に配備しました。この時、地元メディアは次のような社説を掲載しました。

〈（沖縄県民は）PAC3の配備に対しても、心穏やかでない気持ちを抱いている。このままだと、日米一体となった沖縄の軍事要塞化が進むのではない

か、との懸念が強い〉（『沖縄タイムス』、2012年4月4日）

〈PAC3を積んだ濃緑の大型自衛隊車両の列と観光客が乗るレンタカーが、道路を並走する光景を目にした県民の多くが、穏やかでない感情を抱いたことだろう〉（『琉球新報』、2012年4月5日）

さらに、琉球新報は、現地に入った自衛隊員が銃を携行していることについて、

〈戦場なら敵の攻撃をかわすために必要かもしれない。しかしここは国内だ。住宅地に隣接する場所で携行する銃は住民に向けられることにならないか〉（2012年4月7日）

と書きました。

言うまでもなく、自衛隊は北朝鮮の「衛星」が沖縄に実害を及ぼすことのないように行動したにすぎません。にも拘らず沖縄タイムスも琉球新報も、政府、さらには自衛隊の意図と努力を評価するより、敵視するような社説を掲載しています。日米一体の軍事要塞化が進むとの指摘は、米軍再編が、実質的には沖縄の大幅な負担軽減につながる事実を無視した一方的な見方です。さら

に、テロや破壊・妨害工作など不測の事態に対処するために携行された銃が「住民に向けられる」と書いた琉球新報の社説子は、一体どのような根拠でこの件《くだり》を書いたのでしょうか。平成の今、米軍や自衛隊が日本国民に銃を向けると本気で考えているとしたら、社説子の事実を見る目は甚《はなは》だしく曇っているのであり、物事の判断能力は言論人としての資格を疑うほど劣化していると言わざるを得ません。

隣の中国では人民解放軍が自国の国民に銃を向け、弾圧し、殺害し続けています。それと同じような、住民に銃を向ける事態が我が国で発生すると本気で考えているとしたら、そのことを書くに当たって、少なくとも根拠を示すべきでしょう。根拠も示さずにセンセーショナルな社説や記事を報ずるとしたら、もはやそれはメディアでも報道でもなく、プロパガンダです。結果としてこのような記事や社説が沖縄の人々の判断を誘導することにもなります。

いわゆる本土の新聞だけを読んでいれば、いかに沖縄のメディアがバランスを欠いているかということはよくわかりません。そこで尖閣諸島を擁する石垣市でのこんなニュースを紹介してみます。

２００９年４月、米国の掃海艦２隻が石垣港に入港しようとした際、市民団体などが猛反発して、当時の大浜長照《おおはまながてる》市長は、〝非常事態〟を宣言しました。同盟の相手国である米軍の掃海艦が乗組員の休養のために寄港したことに対して、なぜ非常事態宣言なのか、理解しかねましたが、この時の報道は文字通り噴飯物《ふんぱんもの》でした。

琉球新報は８歳の小学生の「戦争が起きそうな気持ちになる」という言葉を引用していました。幼い子供の発言をこのように政治的に使う能力しか、琉球新報にはないのでしょうか。同紙の記者は掃海艦の寄港の軍事的・政治的意味を論ずる能力もないのでしょう。掃海艦が寄港しただけで、本当に「戦争が起きそう」と思うのなら、その根拠を述べて警告すればよいのであり、それこそが一丁前の記者の書くべき記事なのです。

感情的な反米報道の一方で、中国の蛮行には目をつぶるのが彼らの一大特色です。

２００４年11月に中国の潜水艦が石垣島周辺の日本領海を侵犯した時に、大浜市長をはじめ、沖縄の有力政治家が強く抗議したという話を私は寡聞にして知りません。2010年4月に中国艦隊が尖閣諸島沖の東シナ海で大規模訓練を行ない、その後に沖縄本島と宮古島の間を航行した時も同様です。地元メディアの中国の脅威についての報じ方は、極めて控え目です。米軍への批判、非難の報道とは較べものにならない控え目な報道は、沖縄の政治家及びメディアの問題意識の欠落ゆえだと言ってよいでしょう。

沖縄の経済界の言動にも理解しがたいものがあります。沖縄最大の建設会社・國場《こくば》組の元会長で財界の重鎮《じゅうちん》である國場幸一郎《こういちろう》氏〈沖縄県日中友好協会会長〉は「沖縄にとって中国は親戚で日本は友人、親戚関係をもっと深めたい」と発言しています。この発言は、琉球新報などが共同通信の配信記事を受けて掲載したものですが、そこには、東シナ海における中国の強硬姿勢に対しても〈沖縄の経済界では懸念の声はほとんどなかった〉と報じられています。

日本人としてなんと非常識な考えでしょうか。自らの祖国である日本国を友人と位置づける一方で、尖閣、沖縄への野心を隠さない中国を血のつながった親戚とし、その親戚関係をもっと深めたいというのです。そのように考える沖縄経済界の重鎮も重鎮なら、この発言への疑問も提示できないメディアもメディアです。

中国はすでに沖縄を自国の領土に組み込むための伏線を張ってきています。2010年8月20日、中国国営の通信社、『新華社』は中国社会科学院日本研究所の学者・呉懐中《ごかいちゅう》氏が「沖縄の主権は中国に属する」と主張したことを紹介しました。

9月19日には、人民日報傘下の『環球時報《かんきゅうじほう》』が、在日中国大使館に勤務した経験がある研究者・唐淳風氏の論文を掲載しました。その中で唐氏は「沖縄は日本の領土ではないのだから、日本は釣魚島（尖閣諸島の中国名）について中国と対話する資格はない」とし、「沖縄では住民の75％が日本からの独立を望んでいる」と書いています。

今では中国のネット上に「中華人民共和国琉球自治区」や「中華民族琉球自治区」といった言葉が当たり前のように飛び交っています。

中国政府がすでに尖閣諸島を「核心的利益」と呼んでいることは先に触れましたが、尖閣にとどまらず、沖縄まで食指を伸ばし始めているということです。しかし、肝心の沖縄のメディアが危機感を十分に伝えているとは思えません。

虎視眈々《こしたんたん》と狙う中国にとって最も好都合なのは、米軍が沖縄からいなくなることです。沖縄で反米・反基地運動が盛り上がり、日米同盟に楔が打ち込まれることが中国の思惑に適《かな》うことです。そのようなアメリカ排除の世論形成に中国は幾層にもわたって沖縄に働きかけているはずです。「世論戦」を仕掛け、相手国の「世論の分断」を図ることは中国の得意とするところです。反米、反基地、さらに反本土の論調が強い沖縄の現状を見ると、すでに中国の情報戦はかなり進んでいると思えてなりません。

かつて趙紫陽《ちょうしよう》氏の下で政治改革案を起草した元『人民日報』の記者・呉国光氏は『次の中国はなりふり構わない』と題した著書の中で、天安門《てんあんもん》事件の起きた1989年を境に中国の改革の性質は変わったと述べています。民主化勢力に同情的で改革を推進していた趙氏は天安門事件で民主化要求に理解を示しすぎたとして鄧小平に切り捨てられ失脚しました。他方、呉氏は米国に渡って逮捕を免《まぬが》れ、その後はカナダで暮らしています。

呉氏によれば、趙氏の改革が失敗した後、中国の性格は変わったといいます。一切の政治改革をやめ、社会の矛盾を隠して共産党支配を安定させるために買収や囲い込み、文化戦略による洗脳を徹底し、裁判所などあらゆる分野を共産党が牛耳《ぎゅうじ》るための制度改革を行なったというのです。批判を抑え込み、共産党支配を正当化するために、あくなき対外膨張を続けているのが中国共産党支配の実態だというのです。そんな中国の未来を、呉氏は悲観的に見ています。広汎《こうはん》な国民の蜂起《ほうき》による革命が勃発《ぼっぱつ》する可能性は高く、その場合、中国の大地は血塗られると、呉氏は推測しています。

中国の覇権拡大の目的は、13億人を食べさせていくための資源獲得だと言われてきましたが、どんなに資源を得たとしても、共産党支配が革命によって終焉《しゅうえん》しないかぎり、中国の膨張はとどまらないと、呉氏は指摘しているわけです。実際に中国は、米国を凌駕《りょうが》するような超大国を目指し、自由や民主主義を掲げる国々を沈黙させ、さらには中国のルールで世界をコントロールしたいとの欲望を隠しません。

北朝鮮やイランの核開発、シリアのアサド政権による国民の虐殺など、世界のあらゆる問題の背景に中国がいます。一党独裁体制を維持するためには国際ルールも人の命も顧みない中国共産党の価値観と、自由と民主主義を守ろうとする価値観が今、明確な形で対立しているのです。世界はこの2つの陣営に分かれ、「第2の冷戦」と言ってもよい状況にあります。いたずらに「反米」「反基地」一辺倒となっている沖縄のメディアや政財界は、さらには反米に傾きがちな本土の大メディアと利益重視の財界要人などは、こうした状況をしっかり認識すべきです。政府は、沖縄の〝本当の民意〟が変わりつつあることを踏まえて、国益を前提に米軍再編と国防のあり方を国民に説いていくべきです。

第2章

世界に拡大し続ける「中国の野望」

「偽りと裏切り」の中国史に、経済力と軍事力を背景とした「開き直り」が加わりました

日本は戦前、戦後を通じて、中国の偽《いつわ》りと裏切りによって外交的敗北を重ねてきました。2010年9月に起きた尖閣《せんかく》諸島沖の漁船衝突事件は、まさにその象徴的な事例だと言えます。

この時の中国の「偽り」はあまりにも露骨でした。事件後すぐに、中国政府の機関メディア『新華社』が、日本の海上保安庁の巡視船が中国漁船を取り囲んで追いかけ回し、日本側から衝突してきたと、事実と正反対のことを発表しました。中国国内のメディアはそれを転載し、〝事実〟として大々的に報じました。

さらには当時の丹羽宇一郎《にわういちろう》駐中国大使を複数回呼び出して抗議しました。温《おん》

家宝《かほう》首相は国連総会出席のために訪れたニューヨークで「船長を釈放しなければ中国はさらなる対抗措置を取る用意がある。その結果についてすべての責任は日本側が負わなければならない」と発言、船長の「即時、無条件解放」を強い調子で要求しました。

日本側が船長を釈放すると、中国はなんと、日本に「謝罪と賠償」を要求しました。きつい表現ですが「盗人猛々《ぬすっとたけだけ》しい」とはこのことです。

事実軽視の〝常識〟が生む「中国人は何をしてもいい」

1978年4月、その夏の日中平和友好条約締結を前に、100隻以上の武装中国船団が尖閣諸島に押し寄せ領海を侵犯しました。日本は騒然としましたが、中国の最高指導者だった鄧小平《とうしょうへい》は「偶発的な出来事」と弁明し、「このような事件を二度と起こさない」と日本に確約しました。この時、日本は尖閣諸島問題を解決する好機を逃《のが》し、一方で、巨額のODAを中国に与え始めたのです。

そうして中国の成長を助けてきた日本が、今や「衝突は日本側のせい」などという嘘によって、謝罪と賠償まで要求される側に立つに至りました。なぜこれほどまでに日本は外交的敗北を重ねてきたのでしょうか。

理由は、日本政府も国民も「中国とはどんな国なのか」を真に理解していないからだと考えます。

日本人は「嘘をついてはいけない」「人を騙《だま》してはいけない」「裏切りは恥ずべきことだ」と教えられて育ちます。しかし、中国人の常識はまったく逆で、嘘をついたり人を裏切ることは「賢いこと」なのです。

「孫子の兵法」で、孫子が最上の勝ち方としているのが、謀略です。上手に嘘をつき、騙すことが尊ばれる。中でも「二重スパイ」こそ、一番価値が高いとされています。

歴史において、「中国」という名の国は実は存在してこなかったのです。私たちが「中国」と呼ぶその地には数千年も前から、さまざまな民族が侵入し、各々、独自の王朝を作って君臨しました。支配したのは、必ずしも今の中国を支配する漢民族ではなく、蒙古《もうこ》人だったり満州の女真《じょしん》人だったりしました。彼らはそれぞれ何世紀かにわたる繁栄を築き、衰退し、新たな民族が台頭して滅ぼされていきました。王朝が代わるたびに、歴史が時の為政者によって都合よく書き換えられました。

中国にとっては、歴史は勝った側が作るものなのです。事実や真実には意味がなく、いかなる手段でも勝てばいいと考えるのが、彼らの常識です。

島国であり、戦国時代など一時期を除けば安定した社会が長く続いた日本で、正直さや誠実さが尊ばれてきたのとはまったく違うのです。

ノーベル平和賞を受賞し、今なお中国政府に拘束されている劉暁波《りゅうぎょうは》氏も著書の中で、〈中国の『実用理性』は、事実や真実と向き合うことを最も嫌〉うことを特徴とすると書いています。

また、私が理事長を務めるシンクタンク国家基本問題研究所の客員研究員・金谷譲氏は、『中国はなぜ「軍拡」「膨張」「恫喝《どうかつ》」をやめないのか』（文藝春秋刊）の中で、中国人は「物の理」を理解できない人々だと指摘しています。〈現代日本、すくなくとも現代日本語において〝理〟は「論理」と「物理」の二つを意味するが、この二つが混同されることはない。

一方、中国の〝理〟は、「論理」と「物理」が古代以来、基本的にいまだに未分化で、あるいは完全には分化しきっていない。また、それに関連するが、中国人の思考様式には、仮説・推論・実験による検証という（自然）科学的思考様式が存在しない〉

というのです。

これが彼らの〝常識〟であり、その考えから、「中国人は正しい。だから何をしてもいい」という中華帝国的思考が生まれ、傍若無人《ぼうじゃくぶじん》の振る舞いとなるという指摘です。

歴史を繙《ひもと》けば、中国は嘘と謀略によって他国を侵略し、覇権を拡大してきました。

例えば、かつてチベットは中国に一度も属したことのない独立国家であり、「藩部《はんぶ》」という位置づけで、中国と対等の「同盟国関係」にありました。ところが、共産党政権が誕生すると、突然、自らを「チベットの統治者」と言い出しました。そして「解放」と称してチベットを軍事制圧してしまったのです。

1992年には尖閣諸島や、南シナ海の島すべてを自国領だと一方的に宣言し、「領海法」を制定しました。これらはすべて歴史や現実とはかけ離れた

「嘘」ですが、中国は堂々とそれを宣言し、法律を作って正当化し、軍事力を背景に支配を既成事実化してしまいます。現実に南シナ海は中国の海となりつつあり、その矛先《ほこさき》が今、東シナ海に鋭く向けられているのです。

以前は「日本は軍事力を強化せよ」と主張していた

日本との間でも、中国の偽りと裏切りによる歴史が繰り返されてきました。

１９２１年から22年にかけてワシントン会議が開かれました。これによって、列強はこれ以上中国に進出せず、その時点での現状を維持することを取り決めました。いわゆる「ワシントン体制」です。ここでは関係各国が、条約や契約などを誠実に守ることが求められました。

当時アメリカの外交官で、北京公使を務めていたジョン・マクマリーはメモランダム（同氏が国務省に宛てた報告書。後に単行本としてまとめられ、日本では、『平和はいかに失われたか』の書名で原書房から出版）に、日本政府は〈ワシントン会議の協約文書ならびにその精神を守ることに極めて忠実であった。そのことは、中国に駐在していた当時の各国外交団全員がひとしく認めていた〉と書き残しています。

逆に一番守らなかったのが中国でした。特に日本に対しては、関税の取り決めを破り、ビジネスの契約も破り、略奪を繰り返しました。こうした中国の蛮行が重なり、しかもアメリカはそのことに目をつぶって黙認した。こうしたことが日本が満州事変を起こす要因となりました。マクマリーは「日本を知らず知らずのうちに、いまや米中両国に脅威《きょうい》を与えている攻撃的な国につくり変えていったのは、中国とアメリカなのだ」と分析しました。

満州事変から大東亜戦争へと広がり、後に敗戦した日本は一方的に「侵略国家」にされました。敗戦国となった日本は、またもや中国の謀略によって、南京大虐殺などの汚名を着せられたのです。

中国の「偽りと裏切り」はまだまだあります。

今でこそ日本の軍事力強化に激しく反対する中国ですが、1978年に日中平和友好条約を締結した当時は、ソ連の脅威を受けて、日本に軍事力を強化することを求めていました。1980年に訪中した中曽根康弘《なかそねやすひろ》氏に対し、中国人民解放軍の幹部は、軍事予算を倍増してGNP比2%にするよう要求していたほどです。

しかし、1980年代前半にソ連の力が衰え、米ソ対立の中で中国がソ連を恐れなくてもいい状況になると、中国の態度は一変しました。日本から多額のODAを受け取りながら、一方では日本の国際的な地位を貶《おとし》め、軍事的にも心理的にも圧力をかける戦略をとり始めたのです。

そのひとつが靖国神社参拝批判です。

もともと中国は、首相の靖国参拝をまったく気にしていませんでした。靖国神社がいわゆるA級戦犯と呼ばれる人々を合祀《ごうし》したのは1978年秋の例大祭の前のことで、1979年春の例大祭前に合祀の事実が大きく報じられました。当時、歴代の首相は参拝を続けていましたが、中国は一言も批判していません。

例えば大平正芳《おおひらまさよし》首相です。氏は1979年の春と秋の例大祭に参拝し、同年12月に中国を訪問しました。いわゆるA級戦犯と呼ばれる人々の合祀はすでに広く知れわたっていた時期です。にも拘らず、大平首相は熱烈に歓迎されました。1979年5月、時事通信の取材に応じた鄧小平副総理も、靖国神社にも

A級戦犯にも一言も触れませんでした。当時の中国は政府も国民も、靖国参拝にはまるで関心がなかったのです。

ところが、合祀報道から6年半もすぎた1985年9月、中国は突然、抗議を始めました。ソ連の脅威を言い立てる必要がなくなった中国が、今度はアジアにおける覇権拡大のために日本を叩こうとした結果だと考えても不思議ではありません。日本叩きの「外交カード」に使われたのが、靖国参拝や歴史認識だったのです。

言うまでもなく、靖国神社には国家、国民のために殉《じゅん》じた幾百万の尊い英霊が祀《まつ》られています。靖国神社参拝は日本の首相にとって、当然の責務です。

野田《のだ》首相は野党時代の2005年、小泉《こいずみ》内閣に提出した質問主意書の中で、いわゆる「戦犯」について「関係国の同意のもと赦免《しゃめん》・釈放され、あるいは死刑が執行されている。刑が終了した時点で罪は消滅するのが近代法の理念である」とし、サンフランシスコ講和条約や戦後の国会決議などを挙げて「戦犯の名誉は法的に回復されている。すなわち『A級戦犯』と呼ばれた人たちは戦争犯罪人ではない」と主張しました。

この言葉通り、日本の国会は１９５３年に、社会党も共産党も含めて全会一致で〝A級戦犯も含むすべての戦死者〟を国に殉じた戦没者として認め、その遺族には等しく扶助料、恩給を支給することを決定しました。この国会決議は、連合国が〝戦犯〟の烙印《らくいん》を押した人々を、日本人はもはや罪人とは考えないと決めたことを意味します。

この決定に対し反対を表明した国はひとつもありませんでした。また、国際法上、講和条約自体が戦争にまつわるすべての罪を許す意味を持ちます。野党時代の野田氏の主張は真っ当なものだったのです。

戦後の歴代首相は靖国神社をほとんど欠かさず参拝してきました。ところが１９８５年８月15日の参拝後、中曽根康弘首相が中国の圧力によって以降の参拝を中止したことから、参拝はその後10年以上にわたって途絶えました。１９９６年７月29日に橋本龍太郎《はしもとりゅうたろう》首相が一度参拝しましたが、内外の猛反発を受けて、再び首相の参拝は中断しました。

２００１年に「８月15日に靖国神社を参拝する」と公約して首相となった小泉純一郎《じゅんいちろう》氏は、時期はずれたものの計６回参拝し、最後には８月15日の参拝を実現しました。参拝の作法は情けないほどにいい加減でしたが、中国の内政干渉に屈しなかった姿勢は正しく、その1点において私は小泉氏を評価しています。

　ところが2005年11月、外国特派員協会で会見した王毅《おうき》駐日大使（当時）は、200名以上の記者らを前にこう語りました。

「中国の立場ですね、継続性のあるもので、変わっておりません。1985年、このことですね。A級戦犯が祀られていることが公になってから、我々も反対の立場を貫いてきました」

　もちろん「85年に公になった」というのも、「貫いてきた」というのも嘘です。情けないのはその場に居合わせた日本メディアの記者たちです。明らかな事実の歪曲《わいきょく》を聞きながら、まったく指摘しませんでした。結果、王毅氏の発言はそのまま海外に流れてしまいました。

　それどころか、日本のメディアには中国の嘘を後押しする姿勢さえ見受けられます。とりわけ朝日新聞は、実際には存在しなかった「従軍慰安婦の強制問題」や「南京大虐殺」をことあるごとに喧伝し、日本を不利な立場に追い込んできました。NHKを筆頭に日中関係を報じる番組は「小泉首相の靖国参拝で日中関係が悪化」というふうに靖国参拝を非難する表現が枕詞《まくらことば》のように使われることが少なくありません。そこには日中関係悪化の原因が、中国が靖国参拝を外交カードに使い、内政干渉を行なっていることにあるとの言及はありません。

小泉首相の後、首相の靖国参拝は再び途絶えました。民主党政権の菅直人《かんなおと》首相の下では、とうとう1人の閣僚も参拝しないという事態になりました。前述のように、野党時代に「A級戦犯と呼ばれた人たちは戦争犯罪人ではない」と発言していた野田氏も、首相就任後の2011年9月14日の衆議院本会議の代表質問では「国に殉じた方々に感謝や敬意を表するのは当然だが、総合的に考慮すると、首相や閣僚の公式参拝は差し控えなければならない」と答弁しました。前述した質問主意書に見られる過去の発言は、法的解釈について述べたものだと弁明しました。恐らく、野田首相の発言は党内融和を図るための方便で、本人の本意ではなかったのでしょう。しかし結局、野田氏は政治家としての信念を貫くことなく、靖国神社を参拝しませんでした。どの政治家も政党も中国の嘘偽りの罠《わな》に自ら落ち込んでいくのです。

嘘に嘘を重ねる中国の手法に反論するどころか、日本側が自ら騙されるような愚もありました。東シナ海のガス田開発問題は、その典型です。

中国は1992年に領海法を制定すると、すぐに東シナ海に鉱区を設定し、国際法を無視して日本の排他的経済水域での資源調査を始めました。当然、海上保安庁や海上自衛隊は危機感をつのらせましたが、驚くべきことに森《もり》政権時代の2000年、当時の河野洋平《こうのようへい》外相が、中国側に「事前通報制」を提唱したのです。それは日本の排他的経済水域であっても、事前に通報してもらえれば調査を是とするというもので、事実上日本の海における中国の自由行動を許したに等しい内容でした。河野氏のこれ以上の媚《こ》びへつらいはないと思える提案を、中国は心の中では軽蔑《けいべつ》したことでしょう。やがて中国は事前通報さえもせず、河野氏主導の譲歩を虚仮《こけ》にするかのように堂々と資源調査を行なうようになりました。

中国に無法の振る舞いを許す一方で、日本政府は、長年にわたって資源調査の申請をしてきた日本の企業に対しては、日中関係に摩擦が生ずるとの理由で申請を却下し続けました。

中国は図に乗って、２００８年の日中共同開発の合意さえ無視し、ついにガス田「白樺《しらかば》」の掘削《くっさく》を開始しました。明らかな国際海洋法違反ですが、「国際法を守れ」と言っても守らないのが中国です。ならば日本も対抗してガス田開発に着手すればよいのですが、日本政府は開発のための調査さえ許しません。この状況を導いた外務省と親中国派の政治家の責任は、極めて重いと言わざるを得ません。

〝自由も人権もない〟中国的価値観が世界に拡大する日

中国が「偽りと裏切り」で覇権拡大を続けてきたのはこれまで述べた通りですが、２００９年の半ばに中国は戦略を大転換する決定をしたと思われます。

２００９年７月、胡錦濤《こきんとう》国家主席は駐外使節会議で訓示を行ないました。鄧小平の「韜光養晦《とうこうようかい》」（才能を隠して姿勢を低く保ち、力を蓄える）、日本風に言えば「能ある鷹《たか》は爪《つめ》を隠す」から、「積極有所作為」（より積極的に、為すべきことは為す）に方針を変えることを宣言したのです。

これまで中国は孤立を避けるため、むやみに力を前面に押し出すことは控えてきました。しかし、これからは軍事力や経済力を前面に押し出すという意味です。

2010年4月に沖縄の海で中国海軍が大規模訓練を行ない、「こういうことは以降、常態化する。日本はそれに慣れるべきだ」と言い放ったのも、2010年の尖閣漁船事件をめぐる強硬な姿勢も、中国が戦略転換によって「新たな段階」に入ったことを示すと考えればわかりやすいでしょう。

国内の人権派への弾圧はもちろん、劉暁波氏がノーベル平和賞授賞式に出席しないよう、各国に露骨に圧力をかける。日本の新幹線技術をそっくり盗んで、「中国独自の開発だ」と言って海外に売り込む。

こうしたことを堂々と行なうのは、「偽りと裏切り」に、軍事力や経済力を背景にした「開き直り」が加わった結果だと見るべきでしょう。これからは中国独自の手法によって、彼らの価値観で世界の新たな秩序を作るということをも意味しています。

米国の中国問題専門家、エリザベス・エコノミー氏は、これを「革命」と呼びました。〝中国革命〞が招くのは恐るべき世界です。私たちが大切だと思っている、自由や人権、民主主義、知的財産権の考え方も含めて、国際ルールは守るべしとする価値観が、中国の手法や全体主義的価値観の脅威によって破壊されるということです。

例えば国民を弾圧・虐殺するスーダンのような国家に対し、中国は武器支援と経済援助の見返りとして石油資源などを手に入れました。こうした中国的価値観が世界に拡大し、場合によっては国連で多数を占めるようになれば、「価値観の大逆転」の起きる可能性も否定できません。そこには、自由も人権もなく、むしろ嘘や謀略が尊ばれて、弾圧が当たり前になるという世界が待っています。

しかし、忘れてはならないのは、中国のしたたかさと〝柔軟さ〞です。彼らは国際社会の批判を浴びると、批判回避のために柔軟路線に転じます。状況を見て巧みに戦術を変えるのです。しかし、その変化は真の変化ではなく、いわば一時の方便にすぎません。飽くなき領土拡大と覇権を目指す彼らの戦略は不変であることを認識しておかなければなりません。

仮に中国が微笑《ほほえ》みかけてきたとしても、それは「世論の分断」を狙《ねら》った偽りと裏切りの微笑みだと受けとめるのが正しいでしょう。その先に待ち受けている「開き直り」による中国の覇権拡大と価値観の大逆転を許してはなりません。政治家もメディアも、中国が「真実のない国」であることをあらためて認識することが必要です。

震災直後にヘリを飛ばし、日本の防空能力を試した中国共産党を忘れてはなりません

オバマ大統領は大統領就任1年目の２００9年9月23日の国連総会の演説で、中国との「相互の利益と尊敬に基づいたエンゲージメント（関与）の時代」を強調し、「米中新時代」の到来を誇示しました。この頃、米中2国が世界をリードする言葉として「G2」（Great Two＝二大国主義）という言葉がさかんに使われました。

しかし、その後オバマ政権の対中観は１８０度転換しました。

最初の訪中から約1年後の２０１０年11月、オバマ大統領はインド、インドネシア、韓国、日本を歴訪し、インドではインドの国連安全保障理事会の常任理事国入りを支援すると明言しました。日本に対してはすでに同じ意思表示を

していますので、アメリカはインドを同盟国並みに扱う構えを見せたわけです。インドネシアは世界最大のイスラム教人口を擁する国で、その大半は穏健なイスラム教徒です。中東でのテロリスト、イスラム原理主義勢力との戦いを考えれば、インドネシアとよい関係を保つことは非常に重要です。加えて韓国、日本を回って、中国には立ち寄らなかったのが、オバマ大統領の歴訪の特色でした。国家基本問題研究所副理事長の田久保忠衛《たくぼただえ》氏は、この4か国訪問はいわば「反中戦略拠点」を築く大戦略によるものと指摘しています。

わずか1年で、アメリカは中国とは価値観が異なること、中国は容易には信頼できない相手であることを知ったのです。

2009〜2010年の1年間に何があったのでしょうか。2009年3月には米海軍の非武装海洋調査船「インペッカブル」が南シナ海の海南島《かいなんとう》沖の公海上で5隻の中国艦船に取り囲まれ、妨害されました。2010年3月には韓国の哨戒艦《しょうかいかん》「天安」を撃沈した北朝鮮を中国が徹底的に擁護しました。同年ASEAN地域フォーラムが開かれた7月には、中国は東南アジア諸国に、南シナ海問題でアメリカなどの介入を招くことについて強く警告しました。9月には、尖閣諸島周辺の日本領海を中国漁船が侵犯したことについて、中国政府は居丈高《いたけだか》に日本の謝罪と賠償を求めました。こうした一連の事柄によって、中国共産党政権の本質が明らかになり、アメリカはそのことを明確に認識したと思います。

そのアメリカに対し、中国はライバル心を隠すことなく、堂々と対抗し世界の覇権を狙っています。

中央アジア、アフリカ、南米まで影響力を行使

経済規模で見れば、中国経済はこの20年間にドルベースで12倍の成長を遂げました。10年後、中国経済は日本経済の3倍近くになり、アメリカを追い抜くのも時間の問題だと見られています。

国際社会にとっての脅威は、その経済力で進めている異常な軍拡です。「はじめに」でも触れましたが、中国は１９８０年代に、２０４０年から２０５０年までに西太平洋から米軍の影響力を排除し、中国の覇権を西太平洋からインド洋にまで拡大させる長期戦略を打ち立てました。これは中国人民解放軍海軍司令員だった劉華清《りゅうかせい》が鄧小平の意向を受けて打ち出した戦略で、2010年までに沖縄から台湾、フィリンピンを通ってボルネオに至る第1列島線の制海権を確保する。2020年までには、伊豆諸島から小笠原諸島、グアム・サイパン、パプアニューギニアに至る第2列島線を確保する。そして2040年から2050年までに西太平洋とインド洋をも支配するとしました。今、中国はその実現に向けてひた走っています。

もし「G2時代」が本当にやってきたら、中国は太平洋を二分して、その西側のすべての海域に中国の覇権を打ち立てたいと考えているわけです。

中国共産党の異常なまでの軍事力増強はそのためです。1989年以来、ほぼ四半世紀にわたって、1度の例外を除いて軍事費は2桁《けた》の伸びを続けています。2012年3月に発表された2012年度の国防予算は前年比11・2%増の6700億元強にのぼりました。円換算すると約8兆7000億円です。日本の防衛費約4兆7000億円をはるかに上回ります。しかも中国の実際の軍事予算は公表された数字の2倍から3倍だというのが、およそすべての国際研究機関の指摘です。

中国は軍拡の目的を「永続的平和」「共同の繁栄」というスローガンで語りますが、その言葉の虚しさは東シナ海や南シナ海での中国の振る舞いを見れば明らかです。

中国がアメリカに軍事力、経済力で追いつきつつある今、世界はアメリカを中心とする「民主主義国家陣営」と、中国を中心とする「非民主主義強権国家陣営」に二分され、対立の構図が明らかです。

中国はロシアや北朝鮮などの強権国家と利害によって結びつき、中央アジア諸国やアフリカ、南米大陸の貧しい国々にまで影響力を広めてきました。２０１０年以降の、ジャスミン革命で一党独裁政権が倒れたチュニジア、エジプト、リビアをはじめ、アフリカ・中東諸国の政変で、もしテロリスト勢力が影響力を強めれば、それらの国々、あるいは勢力とも中国は連携すると考えられます。そうなれば、世界は不安定さと混沌《こんとん》の方向へ向かっていくことが危惧《きぐ》されます。

ただし、このまま中国がすんなりとアメリカと肩を並べる大国になるかと言えば、私は疑問です。

中国が抱える最も深刻な危機は、自国の中にあります。アフリカ・中東諸国の革命に端を発した、民主化への動きが、元々存在していた中国国内の民主化要求運動を活性化させるのではないかと、中国共産党指導部は極度に恐れています。

中国共産党政権が民主化を恐れている証拠のひとつが、民兵、公安警察、武装警察の年間予算が、なんと、世界第2の軍事大国となった中国の軍事予算よりも多いという事実です。2011年度の軍事費が約7兆5000億円であるのに対し、国民の監視と弾圧に使う予算は実に7兆8000億円に上ります。

それでも国民の不満を抑え切ることはできていません。これまで中国国内で発生する暴動は年間10万件と言われていました。しかし、現在では年間20万〜30万件もの暴動が起きていると言われます。ざっと見て毎日600件から1000件近い暴動が発生している計算です。それをいつまで中国共産党は暴力で抑え続けることができるでしょうか。

人間はある程度豊かになると、必ず自由を求める存在です。人間の自由への渇望《かつぼう》を止めることは誰にもできません。中国共産党にもできないでしょう。

中国は経済を発展させ、民衆を豊かにさせることで不満を抑えようとしていますが、現状では貧富の差は恐ろしいほどに開きつつあります。富士通総研《ふじつう》の柯隆《かりゅう》主席研究員の報告によれば、中国では上位０・４％の富裕層が国民所得の70％を占めているのです。13億人の０・４％はわずか５２０万人です。民主党などは日本の現状を格差社会だと批判しますが、日本は人口の上位１％が国民所得の10％弱を占めています。中国こそ、格差社会の典型です。そのような歪《ゆが》んだ国情の中で、人々の自由で公正な社会、政治的権利の平等や司法の公正さなどを求める声が弱まることはあり得ません。中国で民主化運動が大きなうねりに発展すれば、共産党が主導する経済成長戦略や軍拡の動きもストップすることが考えられます。

ヘリに続いて航空機も異常接近

警戒しなければならないのは、中国国内で不満が高まった時に、中国共産党が人民の不満を〝外の敵〟に向けさせようとすることです。

その時、最もターゲットにされやすいのが日本です。特に江沢民《こうたくみん》時代以来、歴史的事実を歪曲してまで愛国教育という名の反日教育を徹底させた結果、根強い反日感情が醸成されてきたのは周知の通りです。

歴史を捏造《ねつぞう》して日本を憎まれ役に仕立て上げる中国共産党こそ憎むべき存在ですが、彼らの日本への侮《あなど》りは2011年3月、未曽有《みぞう》の大震災によって、壊滅的な打撃を受けた時にも発揮されました。

2011年3月26日、東シナ海で中国の国家海洋局所属のヘリコプターが海上自衛隊の護衛艦「いそゆき」に異常接近し、一周しました。さらに、4月1日には、同じく国家海洋局所属の航空機が、警戒監視中の「いそゆき」に異常接近し、周囲を2回旋回する事件がありました。

明らかな挑発行為です。日本が瀕死《ひんし》の危機に置かれている状況での防空能力を試したのでしょう。

中国共産党が日本の危機を好機だと見ていることが明らかになった事例です。どんなことがあっても中国は日本への攻勢の手を緩《ゆる》めないということでしょう。その意味ではロシアも同様です。中国とロシアという隣に存在する異形の国には、常に警戒心と緊張感を持って対応しなければならないゆえんです。

日本に求められるのは、まずこの国難から雄々しく立派に立ち上がること。そして、膨張し続ける隣国の動きに常に注意を払い、真の独立国家として、自らの国を自らで守れるだけの力を持つことです。

「台湾併合」が進めば中国のアジア覇権戦略は加速します

中国が2040年から2050年までに西太平洋とインド洋から米海軍を排除し、同海域に中国の覇権を確立しようと目論《もくろ》んでいることはすでに述べました。その幕開けとなるのが台湾の併合です。

地図を広げてみれば、台湾が南シナ海の北の出入り口にあたることがよくわかります。57ページの地図4をご覧いただければさらに明快です。東シナ海と南シナ海はもちろん、中国は西太平洋とインド洋という2つの海を支配する最初のステップとして、台湾をきっちり、自国領にしようと狙い続けてきました。日米及びアジア諸国の側から見れば、中国に排除され、従属を強《し》いられかねない時代への第一歩が、中国による台湾併合だと言えます。

中国の軍事的膨張はどこまで続き、アジア・太平洋諸国はその脅威にどこまで晒《さら》されるのか。中国が経済的危機に陥《おちい》れば、軍事力の増強による覇権の拡大にブレーキがかかると見る向きもありますが、そうではないと思います。

アメリカは、財政赤字を減らすために軍事費を大幅に削減します。それは、国際ルールや財政規律を守り、福祉など国民生活への配慮を欠かすことのできない民主主義国家ゆえですが中国はまったく異なります。

中国は自国の経済や財政がどんなに悪化しようと、そのために国民がどんなに不幸になろうと、覇権拡大に向けた動きを止めない国だと断言してよいでしょう。かつて毛沢東《もうたくとう》はアメリカに先駆けて人工衛星を飛ばしたソ連に、米国を核攻撃しようとけしかけました。フルシチョフ共産党第一書記が、犠牲が多く出すぎるのでそんなことはできないと答えると、毛沢東はこう語りました。

「わが国の人口は6億だ。たとえ半分が核戦争で死んでも、まだ3億人が残る」

毛沢東の言葉に驚いたフルシチョフらは以降、中国への核及びミサイル開発への援助の一切を中止しました。これが1959年6月でした。中国はソ連を憎み、「596」、1959年6月の決裂として心に刻みました。以降、中国は自力で核の開発に取り組んだのです。その時、毛沢東以下中国共産党はこう喧伝しました。「中国が貧しく、たとえ国民が飢えても、たとえパンツ（ズボン）をはくことができなくても、自力で核を開発してみせる！」

国民生活の安寧《あんねい》や国民の命がどれほど軽視されているかが見えてきます。2011年7月の高速鉄道事故の処理の仕方からも、人間の命を虫ケラのそれのように見なす中国共産党の体質が何ら変わっていないことが見てとれます。

私たちが対峙している相手は、異星人のような怪物であることを忘れてはなりません。中国の諺《ことわざ》に「軟らかい土はもっと掘れ」というのがあります。相手が自分より弱かったり、ひるんでいると見れば、もっと要求し突き進んできます。中国共産党一党支配の下で、地球上最強の帝国となって覇権を打ち立てるにはどうすればいいか。法律も中国式に解釈すればよい、人民の幸福も不幸も中国共産党が決めればそれでよいというのが、彼らの価値観でしょう。中国がそういう国であるという認識を持たない限り、台湾問題、東シナ海、南シナ海の問題などで私たちは敗北を喫し続けることになるでしょう。

中国は２０１１年9月に無人宇宙実験機「天宮《てんきゅう》１号」を打ち上げ静止軌道に乗せました。中国独自の宇宙ステーション建設の第一歩を踏み出したわけです。続いて11月1日には無人宇宙船「神舟《しんしゅう》８号」を打ち上げて、「天宮」につなぎました。彼らは２０２０年までに中国専用の大型宇宙ステーションを完成させると見られています。その先の２０３０年までに月基地の建設を目指しています。目的は月と地球の間に広がる宇宙空間を支配することです。

中国の目論見《もくろみ》は、宇宙においてもアメリカを凌駕《りょうが》することです。アメリカの軍事力は情報衛星に支えられる高度な技術を土台としています。陸上や海上でアメリカを抑止して中国の優位性を確立するには、宇宙空間を支配することが鍵《かぎ》だと中国は考えているわけです。宇宙を支配することは情報戦、サイバー戦に勝つことをも意味します。

サイバー攻撃はいま大変深刻な問題として浮上しており、アメリカは陸海空、宇宙に続いて、サイバー空間を「第5の戦場」と呼んでいるほどです。中国は国を挙げて21世紀の新しい戦いに備えて力を構築しているのです。日本の衆参両院のサーバーをはじめ、我が国中枢のコンピュータシステムに、中国とほぼ断定してよいサイバー攻撃がなされているのは周知の通りです。

人民解放軍の増強、装備の近代化により、台湾海峡を挟んだ中国と台湾の軍事バランスは、中国側有利に傾いてしまっています。陸上兵力はもちろんですが、艦艇の数も中国の930隻に対し台湾は190隻、潜水艦は71隻に対してわずか4隻。航空機は3400機に対し420機。また、中国は核弾頭搭載可能なミサイルを1400基も保有し、台湾に向けて配備済みですが、台湾にはその種のミサイルは1基もありません。ちなみに日本にもありません（次ページの地図8を参照）。

この劣勢を少しでも挽回《ばんかい》しようと、台湾は新型戦闘機F16C／Dを66機購入したいとアメリカに要望していました。もしF16C／Dの売却が実現すれば、アメリカには87億ドル（約7000億円）の経済効果と1万6000人分の雇用が生まれます。高い失業率に悩むオバマ大統領にとって、願ってもない商談だったはずです。加えてF16を台湾に売却しても、台湾海峡における中国の優位性が崩れるわけではありません。にも拘《かかわ》らず、オバマ大統領は、中国との摩擦を恐れて売却を見送りました。オバマ政権は2011年9月、正式にF16C

地図８　「台湾併合」を目論む中国の戦略

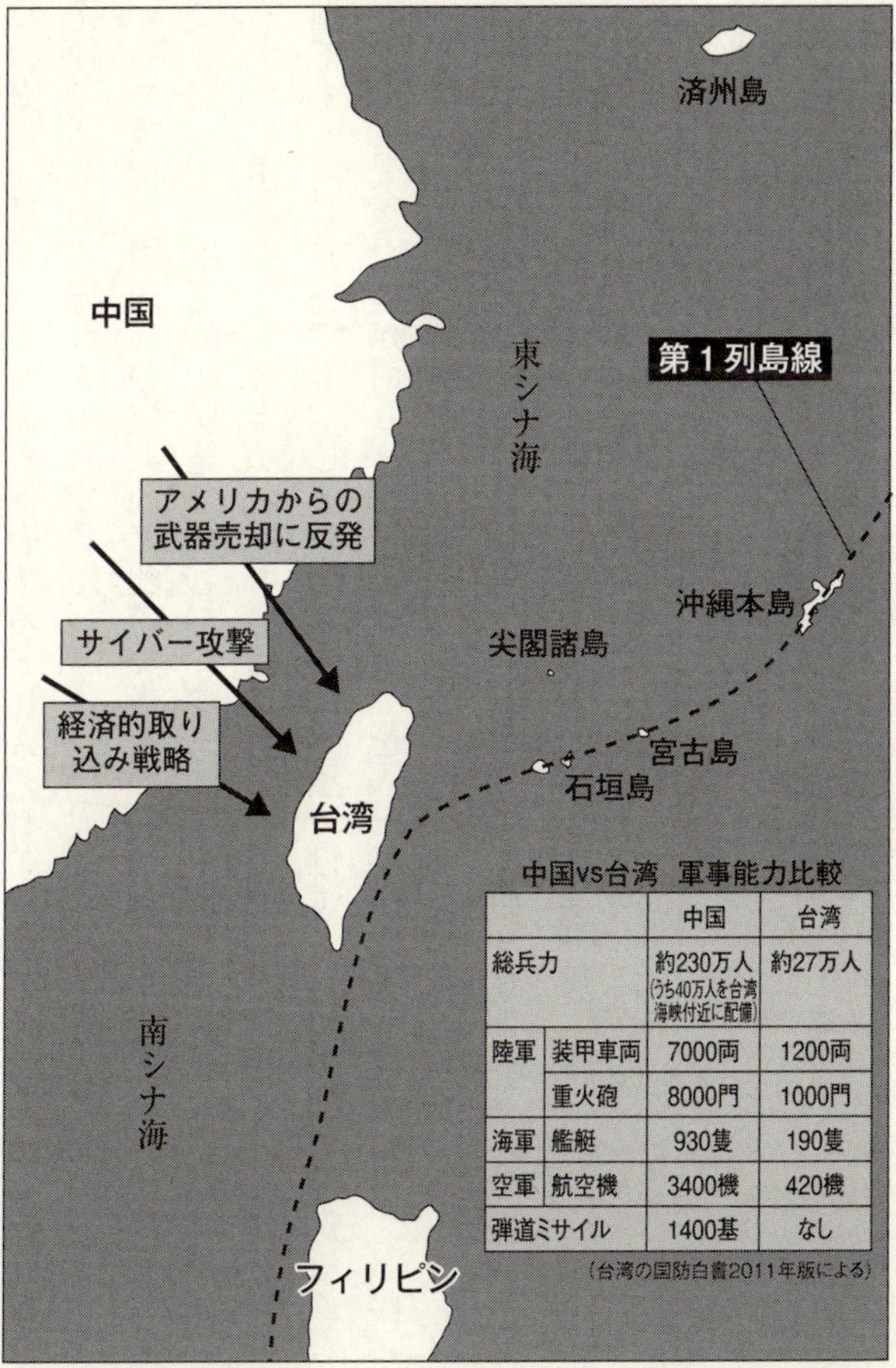

中国vs台湾　軍事能力比較

		中国	台湾
総兵力		約230万人（うち40万人を台湾海峡付近に配備）	約27万人
陸軍	装甲車両	7000両	1200両
	重火砲	8000門	1000門
海軍	艦艇	930隻	190隻
空軍	航空機	3400機	420機
弾道ミサイル		1400基	なし

（台湾の国防白書2011年版による）

／Dの売却を見送り、台湾が保有するF16A／Bの性能強化のための関連部品の売却にとどめる方針を示しました。

オバマ政権が中国への気兼ねと配慮で最新のF16C／Dを売らないことにしたにも拘らず、中国は猛反発しました。つまり、中国に譲歩しても意味はないのです。F16は1978年から運用が始まった戦闘機で、F16A／Bはその初期型です。同じF16でも、C／D型とA／B型ではエンジンや機体構造も異なり、性能に大きな差があります。電子部品を入れ替えたとしても、A／B型はC／D型に遠く及びません。

アメリカの保守系シンクタンク、ランド研究所は「2020年までに、米国は中国の攻撃の前で台湾を防衛しきれなくなる」と分析しましたが、そうした事態を予見させるようなオバマ大統領の後ろ向きな決断でした。

台湾の存亡は東アジア諸国の命運を左右する

軍事力で相手を脅《おど》しながら、一方では経済や文化の交流で籠絡《ろうらく》し、抵抗の意欲を失わせる。こうして軍事力を使わずに相手を屈服させるのが「孫子の兵法」、中国の戦略です。

中国の策略に自ら嵌《は》まり、属国精神に染まっているのかと問いたくなるのが、台湾の馬英九《ばえいきゅう》総統です。馬氏は、「アメリカがF16C／Dの売却をできなくても仕方がない」と発言したと聞いています。最初から諦《あきら》めているかのような発言です。「自分たちの手で台湾を守る」という気概は、国民党政権にあるのでしょうか。

中国は１９７９年以来、台湾に「三通」（通商、通航、通信の直接交流）を呼びかけてきました。その結果、両国の経済的交流が深まり、２０１０年９月には中台経済協力枠組協定（ＥＣＦＡ《エクファ》）が発効しました。協定では中国が５３９品目の関税を撤廃し、台湾は２６７品目を撤廃することになりました。一見台湾に有利ですが、真の目的は台湾を「経済的に離れられなくする」ことですから、台湾は喜んでばかりいられません。

台湾経済の中国への依存度は高まるばかりです。現在、台湾の海外投資の60％が中国向けで、中国大陸で働く台湾人は１５０万人規模にのぼります。家族、伴侶《はんりょ》と子供２人と仮定すれば、約６００万人です。２３００万人の台湾人のおよそ4分の1が中国との直接的関わりの中で生計を営んでいることになります。

馬氏は2011年10月に10年以内に平和協定を結ぶ意向を示しましたが、平和の名の下に、実質的には併合協定が結ばれてしまいかねません。

私は2012年1月の台湾総統選は、まさに台湾の存亡を決する選挙になると繰り返し述べてきました。国民党の馬氏が勝って台湾が自ら中国に呑《の》み込まれていく道を選ぶのか、民主進歩党の蔡英文《さいえいぶん》氏が勝つのか。蔡氏は独立ではなく「現状維持」という言い方をしていますが、台湾は事実上独立状態にありますから、それを維持するということです。

総統選は日本にとっても他のアジア諸国やアメリカにとっても、命運を左右する重要な分岐点でした。

結果は周知のように馬氏が引き続き総統となりました。これで中国の台湾併合への戦略は、次の段階に進むでしょう。もちろん、馬政権の親中的政策を批判する民進党の蔡英文氏が勝っても、中国の基本的な路線は変わらなかったでしょう。しかし、少なくとも民進党が政権をとれば、台湾が自ら中国の支配下に入っていくような方向性を転換することにはつながったはずです。

台湾の政治でどんな変化が生じているかは日本にとって非常に重要なことですので、２０１２年１月の総統選挙以降の変化をここで押さえておきましょう。馬英九氏は再選されましたが、再選されるや急進的な親中政策を推《お》し進めようとした結果、5月20日の就任式までに支持率が急速に下落してしまいました。各種の世論調査を見ると軒並み20％台前半の数字、中には10％台後半の数字もありました。そのせいか、馬総統が路線を転換して、あからさまな親中姿勢を控える兆候も見られます。そのひとつが尖閣諸島に対する姿勢です。

２０１２年9月の日本政府による尖閣諸島国有化の後、馬政権は大規模な漁船団と巡視船を尖閣諸島の周辺海域に送り込み、日本の領海を侵犯しました。しかし、この一事をもって台湾が反日で中国と歩調を合わせたとは言えません。国有化前から日台間で行なわれた話し合いでは、台湾は決して中国とは結託しないとの意思が日本側に伝えられていました。ただ、台湾の漁民があの海域で漁ができるようにしてほしいとの年来の要望が強く打ち出されました。かつて台湾と日本の漁民は尖閣周辺海域で共に漁をしていたのです。そうした歴史を振りかえれば、台湾側の要求を受け入れて尖閣の海を日台協力の海とするのが最善の解決法だと考えます。尖閣諸島の領有権は日本にあるとの主張を維持したまま、台湾の漁業団体にも漁業権を与えて、この海域を日台関係促進のための海として活かしていくことが大切です。この方向で日本政府は台湾に積極的に働きかけていくべきです。

台湾が脅《おびや》かされれば東アジアが不安定になる以上、それを防ぐことが日本の国益です。

日本が台湾に対してできることはたくさんあります。すぐにできることは、日本は「台湾の未来を台湾の人々の意思に沿って守っていく」という意思を明らかにすることです。つまり民主主義を支持すると表明することです。そのために日本国政府は支援を惜しまないと言い続けることです。これは台湾の人々を勇気づけ、台湾の政治に力を与える効果を生みます。

言葉だけでなく、実際の行動においても台湾との関係を緊密にしていくことが大事です。台湾とのＦＴＡで経済交流を深め、交換留学生をはじめ、各界各層の人事交流も活発に行なっていくのがよいのです。

軍事的には、日米の軍事演習に台湾をオブザーバーとして招くこともよい考えです。日本がアメリカ、アジア諸国、インド、オーストラリアなどと連携する時、その大きな枠組みに台湾を招き入れることが大事です。少なくともそのような姿勢を、ぜひ、示すことです。さらに日本自身が原子力潜水艦を造り、東シナ海をはじめ重要な海域に展開させることです。原子力潜水艦に関しては日本国内の世論の反発が考えられますが、国防力を高めるうえで原潜の保有は最も合理的な方法のひとつです。その視点からの議論が必要な時でしょう。こうした日本の考え方や行動が中国の台湾侵略、尖閣侵略を抑止する力になります。

台湾は東日本大震災の際、２００億円というどの国よりも多い義援金を送ってくれました。人口２３００万人、台湾の人々の熱い想いが込められた有り難い支援でした。その台湾に対し、外務省はこれ以上のひどいことはないと言ってよい仕打ちをしました。２０１１年10月６日に開かれた台湾の建国記念日、双十節《そうじゅうせつ》（10月10日）の祝賀会に、各省庁の政務三役（大臣、副大臣、政務官）から政府関係者は出席を自粛《じしゅく》するようにという通知が出されていたのです。中国への卑屈な遠慮で、台湾への非礼、ここに極まれりです。

台湾への感謝の心を込めて礼を尽くして両国関係を維持するのが正しい道です。そのことを中国が批判したら、助けてくれた国とその国民に感謝するのは当たり前のことで、礼を失することは日本の伝統的価値観に合わないと言えばいいだけです。圧力をかければ日本は台湾に味方しないと中国に思わせてはならず、そのためにも日本の大臣や副大臣級の政治家も台湾の政治家と交流し、緊密な関係を維持していくことが大事です。

その点で2012年4月19日、天皇、皇后両陛下が春の園遊会に台湾の駐日代表だった馮寄台《ひょうきたい》氏を招かれたのはすばらしいことでした。陛下は馮氏に対して、「台湾の皆さんにありがとう」とお声をかけられたということです。このお言葉はおよそすべての日本人の想いと重なっているはずです。

異形の国、中国に気兼ねをすることは、台湾を窮地に追い込み、日本をも危うくする。私たちはそのことを肝《きも》に銘じなければなりません。

主張3　弾圧を受けるチベットの訴えに耳を傾けよ

2012年4月3日、東京・永田町《ながたちょう》の憲政記念館で、私が理事長を務めるシンクタンク国家基本問題研究所（以下、国基研）の主催で、シンポジウム「アジアの自由と民主化のうねり〜日本は何をなすべきか〜」を開催しました。チベット亡命政府首相のロブサン・センゲ氏、世界ウイグル会議事務総長のドルクン・エイサ氏、モンゴル自由連盟党幹事長のオルホノド・ダイチン氏の3氏を迎えて、第1部でチベット問題を、第2部でウイグル、モンゴル問題を約4時間にわたって論じたのです。

この日は強風と強雨が日本列島を襲ったにも拘らず、会場には元首相の安倍《あべ》晋三《しんぞう》氏をはじめ、自民党の下村博文《しもむらはくぶん》氏ら、民主党の笠浩史《りゅうひろふみ》氏ら、たちあがれ日本代表の平沼赳夫《ひらぬまたけお》氏ら、少なからぬ数の政治家が参加しました。このこと自体、画期的なことでした。

日本はこれまで中国の顔色を窺《うかが》うばかりで、中国共産党政権がチベットやウイグル、モンゴルの民族問題は中国内の少数民族問題であり、他国は介入すべきではないと主張するのを額面通りに受け止め、当たらず触らずの姿勢で関わりを避けてきたからです。世界各国政府は、ダライ・ラマ法王が自国を訪れる時には、国賓《こくひん》級の礼を尽くして、大統領がホワイト・ハウスに迎え、あるいはイギリスのように首相、副首相が揃《そろ》って対応したのみならず、2012年6月21日にはチャールズ皇太子が法王と面会しています。

各国ともに法王の身辺は受け入れ国の責任として厳重な警備で守ってきました。そうしたこととは対照的に、日本政府は一度も法王を官邸に迎えたことはありません。身辺の警備でさえも不十分です。アジアの大国としては恥ずかしい限りの状況がこれまでずっと続いてきたのです。

しかし、今回のセンゲ首相への対応は違いました。4月3日の国基研主催のシンポジウムに続いて、4日には初めて、国会議員がセンゲ首相を議員会館の国際会議場に招き、チベット問題について聞いたのです。今回のセンゲ首相の招請《しょうせい》は、自由と民主主義、人権と法治を重んずる日本国にとって真に記念すべきことだったと思います。

ロブサン・センゲ首相は44歳の働き盛りです。法王が宗教指導者で、首相が政治の指導者であることを考えれば、中国の反発という意味では、日本の政治家たちが首相と会うのは、法王とお会いするよりもっとハードルが高いと言えます。中国に気を使い、中国の主張に沿って政治を行なおうとすれば、とても会うことなどできないのが、センゲ首相なのです。

事実、3月31日に首相が来日するや否や中国政府は「日本が訪問を放任していることに強烈な不満を表明する」との談話を出しました。談話はさらに「分裂勢力にいかなる支持も便宜も与えないよう」日本に要求し、「実際の行動で中日関係の大局を維持」するべきだと強調しました。

にも拘らず、前述のように多くの政治家が3日のシンポジウムに参加し、4日の「センゲ首相の話を聞く会」には実に91名の超党派の議員が参加しました。

センゲ首相の記念すべき来日の流れは、国基研と自民・民主超党派の議員団がインドを訪れた2011年9月に遡《さかのぼ》ります。インド訪問は、高まる中国の脅威の前に、日本は日米同盟だけでなく、アジア諸国及びインドとも交流を深めるべきだとの考えから行なわれました。

国基研と下村博文、山谷《やまたに》えり子《こ》両議員は、私たちと共に、インドからさらにチベット亡命政府のあるダラムサラに足を延ばしました。安倍氏はその時、私にダライ・ラマ法王及びセンゲ首相へのメッセージを託し、私はそれをお二方に伝えました。メッセージは日本においでになることを歓迎し、その際には日本の国会議員としてきちんとお迎えしたいというものでした。

そこからさまざまなことが始まったのです。2011年11月には法王が来日なさり、約束通り、自民・民主両党の議員ら20名近くがお会いしました。そして前述したようにセンゲ首相を91名（本人出席61名、代理出席30名）の議員が迎えました。日本の官民合わせてのこの種の行動は、21世紀の世界の潮流を考えれば非常に大事なことだと考えます。

いま世界は価値観を軸に、大別して2つの勢力に分かれつつあります。中国を主軸とするロシア、北朝鮮、イラン、シリアなどの勢力と、日本、アメリカ、インド、アジアなどの国々という色分けです。

中国を中心とした国々が行なっていることは到底、私たちには受け入れられないことです。例えば、国軍のミサイルや戦車で自国民を殺害し続けるシリアのアサド大統領に対して国連安保理が非難と制裁、警告などを込めて決議しようとしましたが、中国とロシアは五大常任理事国の特権である拒否権を行使してまでシリアのアサド大統領を守り続けました。核開発を続けるイランもロシアと中国が擁護《ようご》し続け、イランに核関連技術を輸出してきた北朝鮮も中国は擁護し続けています。

中国がこれらの国々を支持し、守り続けるのは中国共産党の生き残りのためです。アサド政権を倒壊させて民主化を許せば、民主化の動きが究極的に中国にはねかえり、中国の民主化を引き起こし、中国共産党一党支配体制を突き崩すことを、彼ら自身が知っているからなのです。

民主化を弾圧する理由が自身の生き残りをかけてのことであれば、中国と折り合うことは難しいと言わざるを得ません。であれば、私たちは話し合いや交渉の可能性を残しながらも、私たちの側が侵略されないように守りの体制を築かなければなりません。

こうしていま世界には一党独裁で自由も人権も法治もない陣営と、民主主義の下で多くの政党が存在し、自由と人権と法治を大切にする2つの陣営のせめぎ合いが生まれています。価値観を軸にして世界が二分され、両者間の溝《みぞ》が広く深くなっていく現状は、第2の冷戦と言ってよい状況です。

三民族を集めての3日のシンポジウムと、議員らによるセンゲ首相との4日の会談が、このような価値観のせめぎ合いの中で行なわれたことは、本当に大きな意味があったのです。そのことを私は再度強調したいと思います。

チベットもウイグルもモンゴルも中国共産党が中華人民共和国を建国して以来、非常な困難に直面してきました。中国共産党の異民族に対する政策は、その民族を独立国家を形成するネーションとは認めずに、少数民族、すなわちエスニック・グループとして取り扱う不当なものです。中国は国内に55の「少数民族」が存在すると主張し、チベットもウイグルもモンゴルも、それらのひとつにすぎないとして、問題を矮小化《わいしょうか》してきました。

そんな中国に対して世界は時折、抗議をします。けれど中国共産党の異民族弾圧政策は本質的には少しも変わらず、却《かえ》って烈《はげ》しさを増してきました。チベットでは幾十人もの若い僧たちが焼身自殺で抗議し続けています。

シンポジウムでも、また、日本の国会議員の前でも、センゲ首相はチベットの現状と政策を語りました。

「ダライ・ラマ法王14世の年来の主張は、①独立は求めない、②ただし、チベット仏教とチベット語の学び、チベット文化の継承を認め、高度の自治を保証してほしい、というものです。私も法王と同じく、独立ではなくチベット人として生きるために高度の自治を求めているにすぎません」

センゲ首相は、冷静に、しかし、憤《いきどお》りを込めてこうも語りました。

「今、中国国内では、チベット人が民族独自の宗教を学ばせてほしいと要請して平和的なデモをすれば射殺されます。ポスターを貼《は》っただけで連行され殺害されます。中国当局に批判めいたことを言えば、かき消されたように人がいなくなって、戻ってきません。居場所も生死も不明なままです。チベットの僧たちは、こういう状況を世界に知らせ、国際社会の中で中国共産党の圧政をやめさせるしかないと考えて、生身を焼くという究極の残酷な手法で訴えているのです」

チベット人が凄《すさ》まじい弾圧の下にあることを訴え、中国共産党の民族浄化と言ってよい冷酷非情への抗議を世界に発するために、生身の体に火を放って死んでいくことの意味を心に刻みたいものです。彼らの死はすべて高度な政治行動なのです。

ウイグル代表のエイサ氏も3日のシンポジウムで語りました。

「私たちは東トルキスタンと呼ばれる国のウイグル人です。宗教はイスラム教です。東トルキスタン人の特徴は極めて穏やかな性格にあります。しかし2001年9月11日にアメリカが同時多発テロで攻撃された時から、中国共産党は私たちを過激なイスラム教徒で、テロリストだと呼び始めました。そのようなレッテル貼りは大変な被害を受けたアメリカ政府当局にすんなり受け入れられ、以来、不条理極まる弾圧が行なわれてきました」

「イスラム教徒」「テロリスト」という言葉で中国政府は不当にウイグル人を追い詰め、新疆《しんきょう》ウイグル自治区のウイグル人はチベット人同様、信教の自由も母国の言葉を学ぶ自由も奪われ、消滅への道を歩まされていると、エイサ氏は訴えました。

「毎年、14歳から25歳のウイグルの女性たちが古里から遠く離れた中国の大都市に連れていかれ、そこで働かされます。各村に何人の娘を出せという割り当てがきます。彼女らは連れていかれた先で中国語を話し、文化的に中国に融合することを教えられ、やがて漢民族の男と結婚させられます。こうしてウイグル人の男性は結婚相手を奪われ、ウイグル人の消滅が図られています」

モンゴル代表のダイチン氏は日本語で語りました。来日11年、モンゴルの実情について語り始めた彼は、中国に帰れば投獄の運命が待っており、もはや、帰ることはできないと言います。

「日本には1万人ものモンゴル人が住んでいますが、ほとんどの人が恐怖で発言できません。発言すれば必ずひどい運命が待ち受けているからです。自分自身だけでなく、家族にも累が及びます。だから、1万人も日本に住んでいながら、日本の人々に、中国国内のモンゴル人がどれだけひどく拷問《ごうもん》され、どれだけの人が虐殺されてきたか、知らせることもできていません。私はいま発言しています。けれど、私は中国のパスポートを持つ身です。日本に滞在することができず、中国に戻されれば、生きていられるかどうかもわかりません。このような立場の人間を、日本政府はどうか、受け入れてほしいのです。永住ビザを何年間申請しても、却下《きやっか》され続けています」

日本政府は今、中国人観光客の受け入れに躍起で、彼らに、日本滞在5年で簡単に永住ビザを与えているというのに、日本の永住権を真に必要としている弾圧されている人々や民族には永住ビザを出さないのはなぜか。このような施策が罷《まか》り通っていることに私は激しい憤りを感じます。3日の国基研のシンポジウムの内容も、4日の国会議員とセンゲ首相の意見交換の内容も、広く日本国民に知ってほしいと私は切望しています。

私たちの代表である多くの国会議員らは、センゲ首相の話に耳を傾け、共鳴しました。首相来日に尽力した安倍元首相がこう語っています。

「普段は国会で激しく対立している与野党だが、弾圧に苦しむ人々のために党派を超えて力を合わせましょう」

センゲ首相の話を聞く会は、「日本国国会議員によるチベット人弾圧に関する決議」を全員の総意で決議して閉会しました。中国政府に「人権弾圧を直《ただ》ちに停止することを強く求める」という決議です。

人権、自由、民主主義を尊ぶ日本で、記念すべき一歩が踏み出されたのです。

私はこの日集った91名の議員に深い敬意を払います。とりわけ首相来日に関して準備に力を貸してくれた以下の議員には感謝を捧げたいと思います。

安倍晋三氏、下村博文氏、笠浩史氏、加藤勝信《かとうかつのぶ》氏、長尾《ながお》敬《たかし》氏、村越祐民《むらこしひろたみ》氏、山谷えり子氏、若泉征三《わかいずみせいぞう》氏らです。

主張4 チベット首相来日を巡る中国の圧力を記憶せよ

中国がなりふり構わず、我が国に圧力をかけています。その強引なやり方は、まるで中国は日本の宗主国であると言わんばかりの傲慢《ごうまん》さであり、この辺で日本に中国の怖さを思い知らせておかなければならないと決意したかのようです。

すでに述べたように、2012年3月末から4月5日まで、チベット亡命政府のロブサン・センゲ首相が日本に滞在し、安倍晋三元首相以下、91名（代理出席も含む）もの国会議員らと議員会館の国際会議場で意見交換しました。これは日本の政治家が初めて、中国の怒りを買うのを承知で、チベット問題に関わった記念すべき出来事でした。

中国政府はなんとか、日本の政治家とセンゲ首相の会合を中止させようとしましたが、中止させられなかっただけでなく、５月14日には世界ウイグル会議が国会議事堂近くの憲政記念館で開催されるのも阻止できませんでした。世界ウイグル会議ではラビア・カーディル議長が中国政府の弾圧について、堂々たるスピーチを行ない、自民党の古屋圭司《ふるやけいじ》氏はじめ多くの国会議員が参加しました。

中国政府はこうした動きに強い不快感を示したのみならず、後述するように日本に対して不当な圧力をかけたのです。

まず、センゲ首相来日の折には、「日本が（センゲ首相の）訪問を放任していることに強烈な不満を表明する」との談話を発表しました。多数の国会議員がセンゲ首相を議員会館の国際会議場に招いてチベット情勢についての話を聞く会を催すことを察知した中国政府は、思いがけない手を打とうとしました。この会議が成り立たないように、会議場の使用許可を出させないようにしようとしたのです。

議員会館内のいくつもの会議場使用の可否決定権は議員運営委員会委員長にあります。中国側はそのことを知っていて、議運委員長の民主党の小平忠正《こだいらただまさ》氏のところに中国大使館の参事を出向かせ、会場を使わせないようにせよと要求したのです。小平氏は中国の要求を拒否し、「日本は自由の国だ」と中国の参事に言い渡しました。

それにしても会議場の使用許可権を誰が持っているかまで調べ上げて働きかける中国側の執念《しゆうねん》に驚きます。

センゲ首相の来日及び日本の国会議員らとの会合を阻止できなかった中国政府は、それから約1か月後に予定されていた世界ウイグル会議の東京開催に先立って「日本政府がこれを認めれば、それは中国の安定と安全、利益を損なうだけでなく、日本自身の安全にも害がある」という、脅しととれる警告の手紙を多くの国会議員に送りつけました。

私の手元にも、そのとんでもない手紙の写しがあります。送り主は中華人民共和国大使の程永華《ていえいか》氏で、日付は5月8日です。

日本国内でのチベット人やウイグル人の活動は「中日関係の妨げ」だと断じた大使の手紙には偽りが目立ちます。

例えばチベットでは、「現代教育が広く普及し」「チベット族の伝統的風俗習慣が保護され、発展し、チベット語が広く学習、使用され」たと自画自賛しています。「信仰の自由が十分尊重され、チベット仏教の活動の場が1780か所余り」もあるとして、「偏見のない人ならだれでも、チベットが歴史上最良の発展期にあることを見て取ることができる」というのです。

ウイグル人に関しても、中国政府は「民族の風俗習慣を十分尊重し」「各少数民族文化と宗教文化を保護している」と主張します。「各民族とも中華民族の大家庭の平等な一員である」「各民族人民は憲法と法律で保障された諸権利を享受している」として、中国政府の異民族政策を評価し、正当化しています。

そのうえで程大使は、ダライ・ラマ法王を「ダライ」と呼び捨てにするのです。「宗教を隠れ蓑《みの》にして、長年、中国の分裂を企《たくら》み、チベット社会の安定と民族の団結を破壊しようとする政治亡命者であり、『チベット独立』を企む政治グループの総頭目」であると激しく非難しています。世界ウイグル会議代表のラビア・カーディル氏に至っては「犯罪人」として断罪しています。同会議事務総長のドルクン氏はもっとひどく中傷されています。「多くの刑事事件とテロ犯罪にかかわ」り、「国際刑事警察機構（ＩＣＰＯ）に指名手配」されているというのです。これらはまったく事実と異なります。「世界ウイグル会議」はテロ組織の統合体だというのも、根拠のない中傷です。

一国の大使がこんな出鱈目《でたらめ》と偽りばかりを文書にして配布してよいのか、中国のイメージはますます悪化するのではないかと、他人事《ひとごと》ながら同情します。

程大使の偽りはそれこそ、「偏見のない人ならだれでも」すぐに見抜くことができるでしょう。

中国共産党の統治下でチベットが史上最良の時期にあるのなら、なぜ、今も、若いチベットの僧侶らは焼身自殺を続けるのでしょうか。程大使よ、答えてください。

中国政府が異民族統治にあたってそれほど各民族の宗教文化を尊重しているというのなら、なぜ、チベット人がチベット語を学ぶことができず、ウイグル人がウイグル語を学ぶことができないのでしょうか。

なぜ、チベット人はダライ・ラマ法王を犯罪人呼ばわりすることを強要され、チベット仏教の代わりに毛沢東語録を学ばされるのでしょうか。

なぜウイグル人はウイグルの歴史と宗教を学ぶ機会をことごとく奪われているのでしょうか。

なぜウイグル人は年齢や身分や職業などに関して不条理な条件を突きつけられ、モスクへの立ち入りができないのですか。

程大使よ、そして中国共産党よ、こうした問いのすべてに答えてください。チベットやウイグルの人々の生活がこんなふうに中国共産党による弾圧に満ち満ちているにも拘らず、中国政府はなぜ、民族独自の宗教や文化を保護していると主張できるのでしょうか。

程大使も中国共産党もこうした問いには決して答えられないでしょう。しかし、こんな疑問は程大使の脳裡《のうり》には浮かばないのでしょう。大使はあくまでもチベット人とウイグル人のいかなる組織も中国の分裂を企む反中国の輩《やから》の集まりだと決めつけたうえで、日本の国会議員にこんな要求を突きつけました。

「ダライとロブサン・センゲの中国の分裂を図る反中国の本質をはっきり見抜き、『チベット独立』勢力を支持せず、舞台を提供せず、いかなる形でも接触しないことを希望する」「ラビアおよびドルクンらの中国の分裂をはかる反中国および暴力テロの本質をはっきり見抜き、いかなる形でも接触せず」「いかなる支持もしないことを希望する」

一体全体中国は日本の宗主国のつもりでしょうか。我が国の政治家に、そして日本人に、これをしてはならない、あれをしてはならないと命令する資格や権利が彼らにあるのでしょうか。この種の無礼極まる内政干渉は許し難いものです。中国政府は、しかし、厚顔にもこの時代錯誤の内政干渉を北京での野田佳彦《よしひこ》首相との首脳会談でも行なったのです。

政府筋によると、野田首相が日中韓首脳会談のために北京を訪れた5月12日、温家宝首相側から3か国の首脳会談の前に、日中の少人数による2国間会談をしたいとの申し込みがあったそうです。2国間会談は13日に開かれましたが、温首相が語った論点は三つ、ウイグル、尖閣、北朝鮮でした。最初に取り上げたのがウイグル問題で、国際テロリストとして指名手配中の人物を入国させたのは怪《け》しからん、同問題は中国の核心的利益に関わるもので、見過ごせないとの強い主張を展開したといいます。

対して野田首相は日本と中国は政治体制が異なるのであり、法律上問題がなければ日本政府は特定個人の入国に関知しないことを説明したそうです。自由を尊重する民主主義国においてはごく当然のことです。

しかし、価値観を異にする国の指導者にはこのことがなかなか理解できません。そこで野田首相は温首相に対して、「日中人権対話」を継続する必要性を強調し、普遍的価値観を尊重すべきだと主張したといいます。

野田首相がきちんと反論したことはしっかり評価したいと思います。それに対して温首相はこう切り返しました。

「（世界ウイグル）会議が日中二国間会議の翌日でよかったですね」

日中二国間会議は13日、世界ウイグル会議は14日です。中国政府は、程大使の手紙ですでに警告を発しています。その警告を無視して世界ウイグル会議を開催させれば日本は代償を払わなければならないとでも言うかのようなニュアンスです。事実、胡錦濤国家主席は韓国の李明博《イミョンバク》大統領と会談したにも拘らず、野田首相との会談は拒絶しました。また、15日に予定されていた経団連会長の米倉弘昌《よねくらひろまさ》氏と楊潔篪《ようけつち》中国外相の会談が14日夜、急にキャンセルされました。理由は「時間の調整がつかない」ということだったそうです（産経新聞2012年5月16日）が、明らかに、ウイグル問題への日本政府の対応に報復したのでしょう。

これら一連のことは、自由や人権、民主主義に中国政府が強い忌避《きひ》感を抱いていること、彼らはこうした価値観の受け入れができないことを示していま す。普遍的価値観を退《しりぞ》ける中国共産党政府の異形な姿が際立つばかりです。21世紀のこの時代に、人間の自由や民族自決を踏みにじる中国の立場など、国際社会の圧倒的多数の国々は支持しません。だからこそ、日本は自信と誇りを持って、21世紀のあるべき価値観を果敢《かかん》に守り続けていけばよいのです。

ここでさらなる展開について記します。2012年11月3日にダライ・ラマ法王がまた来日なさいました。今回、超党派の国会議員団は否、それ以上に多くの参加者を得て議員会館の国際会議場にお迎えしました。事前に記者会見をして、法王を礼を尽くしてお迎えすることを発表し、日本こそ人権、自由、民主主義を重んずる国であることを、行動で示したことを日本国民の一人として誇りに思いました。中東から始まった民主化運動は、時間差をもって、必ず、ユーラシアやアジアに浸透していくでしょう。決して挫《くじ》けずに、日本の主張を貫き、価値観を守り抜くことこそ、歴史の正しい道です。

北朝鮮「金正恩体制」を契機とした中国の朝鮮半島介入に注意すべきです

2011年12月の金正日《キムジョンイル》の死去によって、後継者である三男の金正恩《ジョンウン》が、リーダーとなりました。しかし、28歳と若く、経験不足の金正恩が、完全に権力を掌握することは不可能です。軍や労働党に全面的に支えられなければ政権はもちません。その場合、金正恩の意向を超えて、軍や、集団指導体制の形で党の意向が強く打ち出される可能性もあります。

軍の意向が前面に打ち出される時、2つの可能性があります。ひとつは金正恩を旗印にして北朝鮮の体制を維持するための力の誇示、もうひとつは、現体制を維持しながらも改革開放を少しずつ進めていこうとする動きです。いずれに対しても金正恩は指導者として睨《にら》みをきかせなければなりません。そのことが強硬な路線に結びつく可能性も高いと思います。路線をめぐって権力闘争になり、今後、北朝鮮国内で混乱が起こることは十分に予想されます。

金正日はこれまで巨大かつ高圧的な後ろ楯《うしだて》である中国から、食糧やエネルギーなどの支援を得ることに腐心してきました。北朝鮮は、食糧、エネルギーをはじめ、およそすべての面で中国に依存し、命運を左右される次元まで、対中依存が高まっています。２０１１年8月末、金正日は9年ぶりにロシアのメドベージェフ大統領と首脳会談を行ない、天然ガスパイプラインの敷設《ふせつ》計画を進めることで合意しましたが、これは明らかに中国依存を弱め、バーゲニングパワー（交渉力）を得るためでした。

経験がなく権力基盤も不安定な金正恩が、父親のように中国やロシアを相手にうまく渡り合っていけるとは、とても考えられません。

北朝鮮の不安定な国内状況を見越して、アメリカ、中国、ロシアといった〝列強〟は、すでに水面下で激しいせめぎ合いを始めています。

例えば胡錦濤主席は金正日死亡の情報が発表された翌12月20日に、また温家宝首相らは21日に、北京にある北朝鮮大使館を弔問に訪れました。中国共産党政府の常務委員（内閣の閣僚にあたる）の9名全員がその2日間で弔問するという、異例なことが起きました。中国がなんとしてでも北朝鮮に対して強い影響力を持ち続け、さらに今後は実質的に自らの支配下に置きたいと考えていることは明らかです。

中国は北朝鮮との国境に「橋をかける」準備

中国の最大の目的は、北朝鮮の体制を維持し、最悪の場合、彼らが300万人とも見積もっている難民の流入を防ぎつつ、北朝鮮に自らの実質的支配を打ち立てることです。別の言い方をすれば、アメリカと韓国の影響を北朝鮮には及ぼさせないことです。

万が一、米韓の力が北朝鮮に及ぶような場合、中国は軍事的介入も辞さないと考えるべきです。最悪の事態は、中国軍の北朝鮮侵攻のシナリオです。名目はどうとでも作れます。例えば平壌《ピョンヤン》で暴動が起きた、難民が続々と国外脱出するなどです。「北朝鮮国内の治安維持に力を貸す」という名目も立つでしょう。中国は日清戦争での敗北が清朝中国の滅亡を招いたこと、それは朝鮮半島問題が原因だったことを忘れていません。

だからこそ、中国は金正日の死後、国境地帯に約２０００人の兵力を派遣しました。さらに3万人にまで増強すると言われています。

中国は２０００年代の初めから、もう10年以上、いざとなれば武力で北朝鮮を支配する態勢を整えてきました。北朝鮮との国境につながる道路は戦車が通れるように完全に舗装され、国境の川である鴨緑江にすぐにいくつもの橋がかけられるよう、複数箇所に建設資材が置かれていることも確認されています。

もちろんそれを実行すれば国際社会の非難を浴び、経済にも大きな影響を及ぼします。従って、表立って武力を使うことなく、硬軟使い分けて北朝鮮をからめとりたいのが本音でしょう。それでも必要とあれば武力を行使する。そのことを決して忘れてはなりません。

２００3年頃から中国は「高句麗《こうくり》は中国の一地方政権だった」と主張し始めました。かつての高句麗は北朝鮮の領土とほとんど重なります。中国東北部の研究（中国では「東北工程」と呼びます）という形をとりつつ、「北朝鮮はもともと中国の領土だった」という理論を捏造し、北朝鮮占領を正当化する伏線を張っているのです。

朝鮮半島を制することが中国の命運を保つことに寄与することを肝に銘じている中国は、北朝鮮にとどまらず韓国を含めた朝鮮半島全体を影響下に置きたい、かつての朝貢《ちょうこう》国のようにしたいと考えていると見てよいでしょう。

中国は朝鮮人民軍にも他国とは比較にならないパイプを持っています。もし金正恩が思い通りにならない場合、軍内部の反正恩派を軸に、権力を実質的に掌握する可能性も考えておくべきです。

中国への警戒心を強めているロシアは、前述のように金正日と首脳会談を行ない、北朝鮮経由で韓国にガスパイプラインを引く計画を進めるなど、極東において中国への対抗姿勢を示し始めています。北朝鮮が完全に中国に呑み込まれないよう、北朝鮮へのアプローチを強めるはずです。

北朝鮮の資源や権益をめぐる極東アジアの両者の争いは、今後、非常に激しくなることが想定されます。

北朝鮮を影響下に置き、太平洋へ進出するという中国の思惑と真正面からぶつかるのがアメリカです。

アメリカの最大の関心事は、北朝鮮の核をいかに抑えるかにあります。この点で、金正恩体制を維持し、実質的支配の確立を目指す中国と大きく異なります。米中の戦略が朝鮮半島でぶつかり合う可能性があるということです。アメリカは韓国とともに、あらゆる可能性を考えてシミュレーションを行なっています。

特に金正日の死去に伴う「非常事態」に対応するために、米韓が共同で策定しているのが「共同作戦計画5029」です。

ここで想定されている非常事態とは、核など大量破壊兵器の国外への流出、難民の大量発生、大量餓死などの深刻な人道危機、内戦、米韓両国民などに対する人質事件の5つです。その中では、米軍が北朝鮮の核兵器を確保することが最優先事項とされています。

1994年、金日成《イルソン》が死去した時、アメリカは北朝鮮の暴発を抑止するために、黄海に空母を派遣しました。当時のアメリカはソ連との冷戦に勝利した世界で唯一の超大国であり、中国は経済的にも軍事的にもアメリカの足下にも及びませんでした。今もアメリカの圧倒的優位は変わりませんが、中国は軍事力を急速に増強し、まがりなりにも空母を保有するようになりました。アメリカへの強い対抗意識、覇権拡大への意欲には並々ならぬものがあります。

こうしたパワーバランスの中で対立が起きた場合、余裕のあるほうが慎重になるものです。例えば今、1994年の時のようにアメリカが空母を動かせば、それをきっかけに激しい摩擦が生まれる危険性があります。当然、アメリカは金日成死去の時より慎重にならざるを得ません。より過激な行動に出る可能性があるのは、朝鮮半島死守の気持ちが強い中国でしょう。

万が一、中国人民解放軍が北朝鮮国内の混乱に介入しようと中朝国境を越えて南進すれば、アメリカも国際社会も黙って見ているわけにはいきません。韓国を支持し、中国の介入を阻止するために強硬手段が避けられないかもしれません。突きつめていけば「第2次朝鮮戦争」の危険をはらんでいるのが現在の北朝鮮情勢です。

中国との全面的な衝突を避けつつ、いかに北朝鮮の独裁体制を崩し、民主化への道筋をつけるか。韓国は難しい舵取《かじと》りの中で、それを目指さなければならず、そうした戦略は日米の協力なくしては決して成功しません。

後方支援ほか「強い日本」がやるべきこと

アメリカの戦略のひとつが人権問題を前面に置き、中国の影響力拡大を阻止し、北朝鮮の民主化を促《うなが》す方策です。

アメリカは2004年には、北朝鮮の人権状況の改善を目的とする「北朝鮮人権法」を施行し、2008年に期限満了だった同法を2012年まで、さらに2017年まで延長しました。

この法律は、北朝鮮向けのラジオ放送の強化など民主化の促進のほか、脱北者の支援・保護などについて定めたもので、拉致《らち》問題の実質的な進展がなければ人道目的以外の北朝鮮支援を認めないとしています。

こうしたラジオ放送や脱北者からの情報によって、北朝鮮には多くの海外の情報が入っています。ですから、北朝鮮の国民のほとんどはすでに金一族を見限っています。国家基本問題研究所企画委員で東京基督《キリスト》教大学教授の西岡《にしおか》力《つとむ》氏はこう語ります。

「北朝鮮政府が食糧の配給を停止した1990年代半ば以降、自力で生活してきた『市場勢力』と呼ばれる人たちは、国民の8割を占めるに至っています。この人たちがリビアやロシアで起きたような大規模な反政府デモや暴動を起こさないとは言えません」

そうした混乱時に中国軍が介入してくると、「作戦5029」が発動する可能性は高くなるでしょう。

米韓両軍は2011年3月には、北朝鮮で内戦が起きたとの想定で、極秘に軍事演習を行ないました。この作戦が実行されるとなれば、日本の米軍基地が後方基地となります。本来であれば、この作戦には自衛隊も積極的に参加し、役割を果たさなければなりません。自衛隊が朝鮮半島に直接乗り込めば、韓国国民の強い反発を買うと思われますが、物資の輸送や燃料・食糧の補給など、後方支援として協力できることはたくさんあるはずです。

そのためにも、日本政府は今すぐにでも「集団的自衛権」を明確に認め、さらに「先制攻撃」「敵基地攻撃」は、憲法上も可能であると明言しておかなければなりません。

米中の軍事的衝突が現実になることは、決して望ましいことではありませんが、そうした最悪のシナリオを避けるために日本が貢献できることを心したいものです。

日本が朝鮮半島の平和と統一に寄与するには、なによりも、日本政府が平時から、「韓国による朝鮮半島の自由統一を支持する」と表明し、「そのためにいかなる協力も惜しまない」との態度を明確に示すことです。

アジアにおいて、中国に匹敵《ひってき》する力を持っているのは日本をおいて他にありません。GDPでわずかに抜かれたとはいえ拮抗《きっこう》する経済力があります。中国が軍拡を続けているとはいえ、自衛隊は優れた装備とオペレーション能力を持っています。長距離ミサイルなどは米軍に頼らざるを得ませんが、特に海上自衛隊は優秀で、潜水艦能力では中国を引き離しています。

その「強い日本」がアメリカとともに韓国の後ろ楯となることを宣言すれば、中国へのなによりの牽制《けんせい》になるとともに、国際社会への強いメッセージになります。

中国の軍事介入を抑止するためにも、日本が「韓国による朝鮮半島の自由統一」を明確に支持し、中国の北朝鮮支配には正当性がないことを国際社会に訴え続け、日米韓が団結することが極めて重要なのです。

ところが、韓国の李明博大統領はあえて日本との関係を壊そうとするかのように、突然、2012年8月に竹島《たけしま》に上陸しました。さらに上陸4日後、天皇陛下に関して、「韓国を訪問したいのであれば、独立運動で亡くなった人々を訪ねて心から謝罪するというのならよい」「何か月も悩んで『痛惜の念』だとか、こんな単語ひとつ（の謝罪）なら来る必要はない」と発言しました。日本国としては受け入れ難く、怒るのが当然の発言でした。

日本国はこれまでに天皇陛下以下、首相、外相らが36回にもわたって謝罪を重ねてきました。とりわけ天皇陛下のお言葉は、両国が事前に何か月もかけて知恵を出し合い、練り上げたものです。それを「単語ひとつ」と言って切り捨てるのは、日韓両国の幾十年にわたる努力と交流を台無しにすることです。

李氏はさらに、1965年の日韓基本条約で解決済みであり、しかも日本軍による強制を示す資料のまったくない慰安婦問題をことさらに取り上げ、世界に向けて日本を非難しています。ところが一方で、李氏は就任以来、北朝鮮による韓国軍や国境の島への軍事攻撃には一度も報復していません。韓国の領海に侵入した中国漁船の船長が韓国海洋警察官を刺殺しても、韓国の人権活動家が中国に拘束されて拷問を受けても、一度も公式の非難声明を出していません。北朝鮮や中国には何ものを言わず、なぜ日本に対してだけ挑発的行為を行なうのか。この件について、日本政府は李大統領に正面から問うべきです。

韓国の左翼リベラル勢力である民主統合党と総合進歩党は、米韓ＦＴＡに反対するのみならず、米韓同盟や韓国軍の解体にも熱心です。保守政党のセヌリ党（旧ハンナラ党）も従来の北朝鮮政策を北朝鮮寄りに緩和しています。

しかし、いま韓国にとって最も重要で国の浮沈に関わることは北朝鮮情勢をいかにコントロールするかということでしょう。日米両国の協力を得ながら不安定な北朝鮮情勢に備えることです。韓国が日本を敵視することは中国と北朝鮮を利するだけであり、理性を失った行動と言わざるを得ません。日本政府は韓国政府に対して、冷静になって国益を考えることを諭《さと》さなければならないのです。

第3章　アジア諸国と我が国の「対抗戦略」

アジア諸国は日本にとても期待しています

東南アジアの国々は今、中国との関係をできる限り良好に保ちつつも、譲れない主権問題については明確に中国と対峙できる態勢を作りつつあります。南シナ海で領土・領海を侵《おか》されているベトナムやフィリピン、インドネシアのみならず、他の国々も中国が国際法も歴史の事実も無視して支配拡大に走り続けていることに危機感を強めています。

ベルリンの壁が崩壊した後、アジアに残った一党独裁国家は、中国、北朝鮮、ミャンマー、ベトナムなどでしたが、ミャンマーとベトナムには自由主義と民主主義の風が吹き始め、「開かれた国」になりつつあります。

21世紀が、中国共産党の一党独裁の価値観と、自由と民主主義を守ろうとする価値観との戦いとなる中で、今、東南アジアがその最前線になっているのです。

歴史的に見れば1000年もの中国支配を受けた経験のあるベトナムや、フィリピンやインドネシアまでが南シナ海で中国に堂々と対抗することは、以前なら考えられないことでした。

2012年3月には、人口わずか2万人で軍隊さえ持たない太平洋の島国・パラオの海上警察が、中国漁船による自国海域での違法操業を阻止するために発砲し、中国人1人を死亡させ、25人を拘束《こうそく》しました。中国側は漁業をするふりをしながら、海底の地形や潮流などを調査していたか、またはその他の情報活動をしていた可能性があります。パラオの海上警察に追われ、漁民を装った男たちが船に放火してすべてを焼いてしまいましたので真実は不明ですが、彼らが工作活動をしていたのは確かでしょう。

中国船を相手に戦って25人を逮捕したパラオは、最終的に中国政府から1人1000ドル、合計2万5000ドルの罰金を取って男たちを釈放しました。パラオのような小さな国で、軍事的な規模では到底、対抗できなくとも、中国に対して明確に「NO」を突きつけたのです。それだけいま中国に対する警戒心が各国に広がっているということです。

かつてアメリカと戦ったベトナムや激しい反米運動を展開したフィリピン、そしてイスラム教徒が多いインドネシアを含め、東南アジア諸国はアメリカに対する過去のしがらみを乗り越えて、眼前で拡大する中国の脅威《きょうい》に立ち向かうためにアメリカに接近しつつあります。

これら東南アジア諸国は、日本に対しても強い関与を求めています。東南アジア諸国の中にはアメリカに対して内心、複雑な思いを抱いている国もありますが、日本に対しては違います。ほとんどの国が日本に親近感を抱くだけでなく、日本を尊敬し、信頼していることが、その国々の人々と話してみるとよくわかります。

重要なのは、東南アジア諸国は日本にとって価値観を共有できる相手であり、彼らが日本に真のパートナーになってほしいと望んでいることを、日本人が認識することです。

東南アジア諸国は、戦後日本を苦しめてきた歴史問題についても、中国や韓国などとはまったく異なる対日観を抱いています。「歴史認識」で日本を非難するのは、「20万人が強制連行されて性奴隷にされた」などと証拠もなしに捏《ねっ》造《ぞう》した歴史を国際的に喧伝する北朝鮮や韓国、虐殺などなかったことが明らかであるのに「南京大虐殺」を吹聴《ふいちょう》する中国だけと言ってよいでしょう。

日本人は戦後、日本のしたことはすべて間違っており、ひどいことだったと思い込まされ、反省し、海外で活動する際も贖罪《しょくざい》意識が強く、それが仕事にも影響しています。けれど日本と日本軍だけが悪いなどということはありません。そもそも、日本の戦争犯罪を裁くとして大々的に宣伝されて行なわれた極東国際軍事裁判、いわゆる東京裁判は、国際社会の国際法の専門家から厳しく断罪されています。この裁判は戦勝国が敗戦国の日本を一方的に裁いたものです。11名の判事が日本の「戦争犯罪」を裁きましたが、11名中ただ一人、国際法の権威だったインドのラダ・ビノード・パール博士は、起訴されたA級戦犯と呼ばれる人々を含めて全員、無罪だと主張しました。

パール博士はまた、日本が開戦に至った経緯について「真珠湾《しんじゅわん》攻撃の直前に、アメリカ政府が日本政府に送ったものと同じ通牒《つうちょう》を受け取った場合、モナコ公国、ルクセンブルク大公国のような国でさえも、アメリカに対して武器をとって起《た》ちあがったであろう」と書きました。

モナコもルクセンブルクも軍隊を持たない小国です。そのような国であっても、アメリカの道理を無視した強硬策の前に立たされれば、敗北覚悟で戦っただろうと述べたのです。日本の開戦は万止《ばんや》むを得なかったと断じたわけです。戦争は一方の国のみが全責任を負わされるようなものではないということです。こうした歴史の実態を、インドをはじめ多くの国々はきちんと理解していると私は実感しています。そうでないのは、繰り返しになりますが中国や北朝鮮、韓国などだけだと思います。

例えば、インドネシアの中学校の歴史教科書には「日本の占領は、後に大きな影響を及ぼす利点を残した」と、日本による統治を評価する記述があります。

またアジアの国々を訪ねて話を聞くと「日本が戦ってくれたことで、我々は独立できた」と感謝し、大東亜戦争時の日本の軍人は立派だったという声もあります。時には中国の傍若無人《ぼうじゃくぶじん》を批判し、中国よりも日本がもっと前面に出てほしい、そうするのがむしろアジアの大国としての日本の責任だという要請もあります。東南アジア諸国との連携強化構想は、日本を長く苦しめてきた歴史問題を転換していく大きなチャンスになるはずです。私は日本が河野《こうの》談話や村山《むらやま》談話のようなあまりにも不条理な謝罪を続けることは非建設的で、日本が丁寧に自らの立場を説明していけば、より深い理解と共感を得られる時代になってきていると思います。

東南アジアの国々は日本に期待する一方で、東シナ海における日本の対応を固唾《かたず》をのんで見守っています。2010年9月に領海侵犯した中国漁船が海上保安庁の巡視船に衝突した時、菅直人《かんなおと》首相が中国の顔色を窺《うかが》って船長らを送り返してしまったことには、失望を超えて、まったく理解できないと語ったアジア各国の要人は少なくありませんでした。当然のことですが、「なぜ日本は中国に対してこんなに弱腰なのか」という歯がゆさも彼らは抱いています。

日本は法治国家であり、領土に関しては普通の案件以上に厳しく対処するのが主権国家としての常道であり、世界の常識です。それなのに、なぜ日本はそれをしないのかというのです。

歴史問題について、日本は物言わずしても東南アジア諸国の支持を得ています。なぜなら、彼らもまた中国の捏造や虚偽の宣伝に苦しんでいるからです。南シナ海に中国が引いたいわゆる九点破線に何の歴史的根拠もないことは東南アジア諸国が一番よく知っています。ベトナムやフィリピンをまるで属国のように見下すのが中国ですが、そのようにする歴史的根拠がないことは、当のベトナムとフィリピンが一番よく知っています。中国による歴史の捏造に苦しんでいるからこそ、彼らは日本が中国から言いがかりをつけられているのがわかるのです。なのに、日本は中国に物を言わない。本当に理解してもらえないことなのです。

日本こそ、主張すべきことを主張し、中国への歯止めになってほしいと東南アジア諸国が切望するのは、中国に対抗できる力を持つ国はアジアにおいて日本しかないからです。わずかに抜かれたとはいえ、日本は中国に匹敵《ひってき》するGDPを誇り、2011年の名目GDPは5兆8695億ドルでした。ベトナムのGDPは1227億ドル、フィリピンは2131億ドルですから、それぞれ日本の45分の1、25分の1程度にすぎません。

２０１２年春にベトナムを訪れた時も、現地の人々がどれほど日本の力を評価しているかを実感して感動しました。多くの日本人には実感が湧《わ》かないかもしれませんが、東南アジア諸国からすれば、日本は輝ける存在なのです。優れた技術を有し、どこに行っても清潔で高度に発展している素晴らしい国なのです。繰り返しますが、彼らは中国ではなく、日本を頼りにしています。日本人はその自覚と自信を持ち、東南アジアの国々との連携を強めていくべきです。

継続して付き合えるエキスパートの育成を

東南アジア諸国との協力・連携はどんな形をとるべきでしょうか。

反面教師となるのが中国です。中国は東南アジアに多額のＯＤＡをつぎ込んでいます。ところが露骨な〝見返り〟を求め、与える以上に奪っていくため、相手国に感謝されるより警戒されています。

例えば、ミャンマーのテインセイン政権は２０１１年９月、突然、中国がミャンマーを流れるイラワジ川に建設を始めた水力発電ダムの中止を表明しました。このダムは中国が提案し、中国が資金、技術、労働力のすべてを提供し、完成の暁《あかつき》には中国が運営し、そこで生まれる電力の少なくとも8割を中国に送るという契約です。ミャンマーの地元には雇用ももたらされず、電力の供給もろくになされません。ただミャンマーの豊かな水資源が中国のために利用されるだけです。そのうえ大規模ダムの建設が環境への配慮なしに行なわれてきましたから、深刻な環境破壊を引き起こしています。こんな一方的な内容の開発プロジェクトがミャンマー国民の反感を買わないはずがありません。中国は得しても、ミャンマーには得にならない。祖国の資源が奪われるだけなのが中国による開発だと、ミャンマー国民は考え、反対が広がりました。

前述のようにテインセイン政権が2011年9月に建設中止を表明しましたが、中国側は中止したとはとっておらず、いつでも再開できるという考え方です。また驚くことに、ダム建設現場では、相変わらず土木工事を行なっているのです。大量の土を掘って運び出し続けています。イラワジ川のその辺りにはレアアースの鉱脈があると見られていて、中国はレアアースを含んだ貴重な土をせっせと奪い続けているわけです。

この傍若無人の振る舞いをミャンマー政府も止めることができない、あるいは見逃《みのが》さざるを得ない――これが東南アジア諸国と中国の関係の複雑さです。脱中国を明確な方針として打ち出すことの難しさがあることを知らねばなりません。

次にラオスです。ラオスは２００９年に東南アジア競技大会のために大規模競技場を中国に建設してもらいました。無償援助のはずが、いつのまにか首都ビエンチャンの中心部一帯の広大な土地に対する50年間の賃借権を中国政府は手に入れました。そこには5万人が住むチャイナタウンができつつあります。人口約６３０万人のラオスには、今や30万を超す中国人が住んでいると言われます。ビエンチャンの人口は約62万人、そこに中国人5万人がなだれ込むのを想像してください。流入して来る大勢の中国人はラオス人よりはるかに商売上手で、ラオス経済の主軸となり得る人々でしょう。彼らが我が物顔で町を歩き、ラオス経済を支配する可能性は高く、地元住民の危機感と反感が強いのは当然でしょう。

アフリカでも同じような状況が生まれています。中国のＯＤＡで事業が計画され中国企業が請け負い、大量の中国人労働者を連れてくる。彼らは事業が終わっても帰国せず住み着き、どんどん増えていく。中国の人口圧力にはどの国も恐怖感を覚えています。

カンボジアへの経済援助はあまりにも露骨でした。中国は２０１２年６月、カンボジアに対してインフラ向けの４億２０００万ドルの融資と航空機２機を供与するとの文書に調印しましたが、このＯＤＡは翌７月のＡＳＥＡＮ外相会議を念頭に与えられたのが明らかです。２０１２年のＡＳＥＡＮ外相会議の議長国はカンボジアでした。当然、会議では南シナ海の領有権問題が持ち出されました。会議で中国を名指しして非難声明が出される可能性も、また、フィリピンやインドネシアの中国との争いをＡＳＥＡＮ外相会議のような多国間会議で片づけようとの提案がなされることも十分予想されていました。だからこそ、中国の不利になるこうした動きを議長国カンボジアを中国側に魅きつけておくことで回避しようとした、そのためのＯＤＡだったのでしょう。

カンボジアは中国の思惑通り、中国を名指しで批判することに反対し、フィリピンと対立しました。同会議史上初めて議長声明が出されないという事態も招きました。そして９月、カンボジアのフン・セン首相が中国を訪れて温家宝《おんかほう》首相と会談した際には、さらに8000万ドルが上乗せされ、融資額は総額5億ドルになりました。

中国の戦術の基本は「敵の分断」です。カンボジアへの肩入れの狙《ねら》いがASEAN分断にあることは明らかです。しかし、そのカンボジアでさえ、国民の多くは中国を嫌っていると言われます。

日本の経済援助は中国のそれとは対照的です。日本には、ヒモ付き援助に対する厳しい世論が一時期ありました。日本が出したODA事業の受注においてさえ、日本企業を優遇して受注させると「ヒモ付き」だとして非難されました。見返りを求めない、というより求めること自体を抑制する日本は、相手国には大変感謝されています。結果、日本のODAで建設された空港や橋や病院には感謝の碑が建てられたり、記念切手や貨幣を発行して感謝を伝えることもあります。

ただ、私はもっと日本の国益に適《かな》う形で、他の国々のように官民一体となった経済援助のあり方も進める必要性があると思います。現状は日本がお金を出していながら、中国や韓国、あるいはアメリカなどの企業に落札されてしまうケースが少なくありません。一方、現地の人たちは、技術力が高く、安全性の高い日本企業に工事を請け負ってもらいたいと思っています。日本のＯＤＡ事業を日本企業が受注し、現地とともに発展していけば、ｗｉｎ－ｗｉｎの関係が生まれます。これは、「ＯＤＡの代わりに土地を提供しろ」というような中国の手法とはまったく異なります。

戦後の日本は反省するあまり、外国に展開して競うことを憚《はばか》ってきましたが、もっともっと積極的に前に出てよいのです。例えば２０１１年12月に野田《のだ》政権が緩和した武器輸出三原則はアジアの国々に本当に感謝されています。海賊対処のための巡視艇や、ＵＳ－２型飛行艇、それに対潜水艦技術などは、緊張の海となった南シナ海周辺諸国や、インド洋で中国の脅威を日々感じているインドなどにとって、切実に必要な技術であり、装備です。武器輸出三原則の緩和を徹底して行なうこと、さらに、その中に必ずインドを対象国として含むことが大事です。

インドはパキスタンとの間でカシミール紛争を抱え、中国からはインド洋全体で包囲されそうになっています。そのインドと中国の間で軋轢《あつれき》が起きかねないことを指して、日本の役所の中に、インドは紛争当事国になる可能性があるため武器輸出三原則緩和の対象にはならないという馬鹿げた主張があります。西太平洋やインド洋の摩擦の原因は中国にあることを認識して、インドへのあらゆる協力を続けなければならないと思います。

原子力の平和利用に関する技術協力も、インドをはじめベトナムなどのアジア諸国は切望しています。日本の優れた技術を伝え、安全な原子力利用の基盤作りを助けることが日本の国益になります。

けれど日本はインドに対しては核保有を理由にして、原子力技術を移転しようとはしません。インドは、中国の絶大な支援を受けて核を保有したパキスタンとは異なること、その意味を理解していないのでしょう。パキスタンはこれまで、核やミサイル技術を世界に広げてきました。他方インドは一度も核を拡散していません。この点をまず、考慮すべきです。加えて日本と同じ価値観を実践していることも高く評価すべきです。対中国で手を結ぶ資格を備え、強力な協力国になり得るインドにこそ、政治の指導力を発揮して、原子力協定を筆頭に、協力すべきだと強調したいと思います。

アジアの経済成長率はヨーロッパやアメリカ、日本をはるかに抜いて、これからも成長し続けます。日本企業もその将来性を見て、生産拠点を中国から東南アジア諸国に移しつつあります。東南アジアは高い経済成長率の反面、人件費は中国よりもかなり割安です。また、前述のように、日本に大変な親しみを抱いています。中国から東南アジアへのシフトはもっと加速されるのがよいのです。

一方、中国は狡猾《こうかつ》な仕組みを作り、日本の最先端技術を取得しようと躍起です。レアアースの輸出規制を行ない、「レアアースは売ってやるから、中国に工場を作りなさい。その場合、最先端の技術を中国に移転しなさい」というのです。最新技術を持ってこなければ、レアアースは売らないというわけです。こんな敵対的で技術盗用を狙う国に進出する企業は、いずれ技術を奪われ自分の首を絞《し》めることになるでしょう。

日本に友好的で信頼関係の結べる東南アジアの国々との経済関係を強化し、それらの国々に技術移転していくほうが、長期的に見て企業の利益にも、日本の国益にもかなうはずです。

安全保障面でも東南アジア諸国との連携が重要なのは言うまでもありません。すでに多くの国と行なわれていますが、合同軍事訓練やコーストガードの合同訓練は何よりも相互の信頼性を高めてくれます。

東南アジア諸国が求めていることは日本が軍事力を強化し、中国の軍事力に対処する柱のひとつになってほしいということであるのは、すでに十分指摘しました。日本が得手とする潜水艦は中国海軍に対して強い牽制《けんせい》となります。しかし、中国が原子力潜水艦、攻撃型原子力ミサイル搭載潜水艦を含めて71隻の潜水艦を保有しているのに対して、日本には16隻しかありません。急いで潜水艦の数を増やし、原子力潜水艦も持つべきです。さらに自衛隊員の数も大幅に増やさなければなりません。でなければ、たとえ潜水艦や航空機を増やしても、今でも不足している乗り手がもっと不足するからです。

そうした日本の決断と行動が南シナ海、東シナ海、西太平洋、インド洋の安全を守り、東南アジア及びインドなどの安全に貢献することにつながります。

これまで24年間、激しい軍拡を続けてきた中国の軍事予算は、2012年度、公表ベースで1064億ドルに達しました。実際にはその2～3倍だと言われます。中国に対抗するために東南アジア諸国も軍事予算を増やしています。アジア・太平洋はとっくの昔に軍拡の時代に入っているにも拘《かかわ》らず、防衛予算を減らしているのは日本だけです。この異常な軍縮予算の壁を打ち破り、軍事力の不足を早急に埋めて、東南アジア諸国との協調を進めたいものです。

軍事費を増やしても、日本の「軍事大国化」を批判するのは中国と北朝鮮、韓国だけです。東南アジア諸国は日本の軍事力強化、とりわけ海軍力の増強を期待していますから、大歓迎するのは間違いありません。

海洋大国である日本と、海洋資源に恵まれたＡＳＥＡＮの国々とのパートナーシップこそ、21世紀の国際社会を動かす大きな力となるでしょう。

中国が嫌がる「対抗戦略」は「インドとの連携」です

中国が、尖閣《せんかく》諸島のある東シナ海と南沙《なんさ》諸島のある南シナ海のおよそすべてを「中国領」であるとする「領海法」を１９９２年に制定し、南シナ海などで漁船を違法に操業させていることは、これまでも指摘してきました。

南シナ海では２０１１年初め、マレーシアの排他的経済水域（ＥＥＺ）内のガス田海域に、中国国家海洋局が「海監83号」など艦船２隻を侵入させ、資源探査を強行していたことが明らかになりました。漁業資源のみならず、他国のＥＥＺ内の資源にまで露骨に手を伸ばし始めているのです。

日本や南シナ海だけではありません。彼らの覇権拡大の矛先《ほこさき》がさらに鋭く向けられているのが、インド洋です。

現在、中東の原油製品の約70％はインド洋を経由して日本を含む太平洋諸国に運ばれています。アフリカからのエネルギー資源や鉱物資源、農業資源もこの海を通ります。中国はこの重要な海域を勢力下に置くべく、攻勢を強めているのです。

パキスタンの南西部・グワダルという街には、中国が巨額の建設費を負担して、巨大な港湾を整備しました。グワダルはペルシャ湾に出入りするタンカーが必ず通るホルムズ海峡から400㎞に位置する戦略的要衝《ようしょう》です。

スリランカ南部のハンバントタには、中国の銀行融資で2020年頃までに33隻の大型船が停泊できる港を建設し、バングラデシュ第2の都市、チッタゴンでは港の収容能力を3倍に拡大するプロジェクトが進められています。

ミャンマー西部のシトウェでも港湾建設を支援し、港と中国雲南《うんなん》省を結ぶ石油パイプラインの建設を始めました。2011年中には雲南省の昆明《こんめい》とミャンマー最大の都市ヤンゴンを結ぶ高速鉄道の建設にも着手し、その鉄道は途中で枝分かれして、やがてシトウェの港につながる予定です。

中国は、やはりミャンマー領のアンダマン諸島・ココ島にも、基地を建設したと見られています。

ミャンマーは、地政学上の重要地域であると同時に、インドシナ半島で最も広い国土と豊富な地下資源を有しています。かつて欧米諸国はミャンマーの軍事政権に民主化を求め、人権弾圧を理由に援助を打ち切りました。しかし中国はそれを横目に莫大《ばくだい》な援助を与え、軍事政権と緊密な関係を築き、見返りに資源と土地を手に入れ、戦略拠点を築いてきたのです。

これらの中国の動きを36ページの地図1にまとめました。ご覧いただければわかるように、中国はインドを包囲し、必要に応じて締め上げることができる形でインド洋沿岸に拠点を作っています。この戦略は「真珠の首飾り」と呼ばれていますが、その大部分は完成しつつあります（219ページの地図9を参照）。

中国の目的は、インド洋からアメリカの影響力を排除することにあります。中国が空母を含めた海軍力の増強に邁進《まいしん》しているのはそのためです。

さらに中国は2050年までに、マレー半島の最も狭い所、クラ地峡をぶち抜いて東西に貫く運河を建設する構想をも描いていると言われます。その途端に、地図で見るとすぐにわかるのですが、南シナ海とインド洋がつながってひとつの海になります。中国の艦船が、「自国の領海」と主張している南シナ海から、マラッカ海峡を通らずに即座にインド洋に出られるようになるわけで、中国は地政学的に非常に有利な立場を手に入れます。それでなくても、中国が一番の強敵と見なしているアメリカは、インド洋から遠く離れたところに位置しています。西太平洋やインド洋での覇権を追い求める場合、中国は地政学的に非常に有利な立場に、元々、立っているのです。

中国の攻勢は、南シナ海から東シナ海へ、さらに西太平洋からインド洋までをすべて「中国の海」にすべく、着々と進んでいます。

歴史を振り返れば、アメリカはパナマ運河を建設することで世界の超大国の地位を築きました。アメリカが運河に注目したきっかけは、日露戦争にありました。日露講和条約交渉に際し、時のセオドア・ルーズベルト大統領は米国のポーツマスに日本とロシアの代表を呼び、講和の場所を提供しました。なぜ黄色い人種の発展途上の国、日本が大帝国ロシアに勝てたのか。ルーズベルトは日本人の何たるかを知るために、新渡戸稲造《にとべいなぞう》の『武士道』を30冊買って5人の息子や近しい友人、閣僚たちにも1冊ずつ渡して読ませたという逸話がありま

地図9　中国によるインド包囲とアメリカ軍の対中国戦略

す。

海軍力や予算、資源や国民の数など国力を較べればロシアが圧倒的に勝つはずなのに、なぜ日本が勝ったのか。分析を任されたのがルーズベルトの親友であり、米国海軍大学校の学長だったアルフレッド・セイヤー・マハンでした。結論から言えば、日本の勝因はひとつ、自国の前庭のような日本海で日本の海軍がひとつになって戦ったということでした。ロシアには太平洋艦隊とバルチック艦隊という大艦隊がありましたが、旅順《りょじゅん》にいた太平洋艦隊は日本軍の陸上からの攻撃によって壊滅《かいめつ》しました。一方、バルチック艦隊はアフリカの喜《き》望峰《ぼうほう》を回り、インド洋を通り、マラッカ海峡を経て、ようやく日本海に至りました。当時日本と同盟関係にあったイギリスが自国の植民地国に対してロシアの船が入港して食料や水、燃料を求めても要請に応じずに追い出すよう指示したため、バルチック艦隊はさんざん苦労して日本海に辿《たど》りつきました。日本海軍と戦う時にはすでに疲労困憊《こんぱい》していました。結局、ロシアは太平洋艦隊とバルチック艦隊を分断された結果、敗北したわけです。

ルーズベルトは、将来、日本と相まみえる時にロシアと同じ轍《てつ》を踏まないよう、パナマ運河の建設にとりかかりました。当時パナマ運河はフランスが建設に着手していましたが、遅々として進まないのをアメリカが引き継ぎ、全力を注いだのです。

突貫工事の末、10年でパナマ運河が完成し、ちょうど1914年の第1次世界大戦の開戦に間に合いました。第1次世界大戦は、それまでの超大国・イギリスが力を落とし、新興国アメリカが超大国にのしあがる転換期となりました。階段を降りてきたイギリスと、階段を昇っていくアメリカがすれちがった時期が、ちょうどパナマ運河開設後の10年程だったと思います。

このことは地政学がいかに大きな意味を持つかを示唆《しさ》しています。中国がマレー半島に運河を築けば、中国が国際社会を制覇する地政学的基盤ができるかもしれません。クラ地峡を切り拓いて大運河を作るというほどの野望を中国が抱いていることを忘れてはなりません。

もちろんアメリカも黙って見ているわけではありません。アメリカはインド洋の南に浮かぶディエゴガルシア島にすでに海軍基地を造り、インド洋から中東にまで睨《にら》みをきかせています。中国の膨張に対してアメリカが新たに築きつつある戦略はスケールの大きいものです。2011年11月にオバマ大統領はオーストラリアを訪れ、同国北部のダーウィンに海兵隊を駐留させることでオーストラリアと合意し、さらに同国西海岸のパースにある軍港、スターリングも米海軍が使用すること、手狭になったディエゴガルシアの代替としてインドネシアの南にオーストラリアが領有しているココス島にも、米海軍が展開することになりました。その先にあるインドとの提携も視野に入れれば、まさに対中包囲の大きな枠組みが作られつつあることが見てとれます。鳥の目で地政学的に状況を眺《なが》めてみれば、現在進行中の力のバランスの変化のダイナミズムがわかります。

また、最近、大きな変化を見せているのがミャンマーです。2011年2月に独裁的な軍事政権に代わって新政権が誕生し、同年9月には明確に中国と距離をおき始めました。2012年4月に、議会の補選でアウン・サン・スーチー氏率いる国民民主連盟（NLD）が圧勝しました。こうした改革が進んでいることでアメリカとミャンマーの関係は改善に向かい、2012年9月にはクリントン国務長官がミャンマーに対する輸入禁止措置を緩和する方針を明らかにしました。ミャンマーが民主主義国家として再生し、経済的にも成功すれば、その影響は隣接するチベット、さらにウイグルやモンゴルにも及ぶはずです。ミャンマーの民主化の行方は、世界が中国の覇権拡大の波を押しとどめ、さらに価値観の戦いで自由と民主主義の陣営が勝利を得るための大きな鍵《かぎ》を握ると言えるのです。

インド北部の２州に対しても中国は領有権を主張

中国は海だけではなく、陸地でも領土拡大に向けた布石を打ってきました。彼らの手法は、例えば新疆《しんきょう》ウイグル自治区に見て取れます。ウイグル人の国・東トルキスタンを軍事力で奪った中国は、ここを新疆ウイグル自治区と命名し、漢民族を大量に送り込みました。ウイグル人に凄《すさ》まじい弾圧を加え、虐殺を繰り返すとともに、結婚適齢期の女性たちを親元から離し、沿海部の工場などで働かせ、中国人化教育を施し、漢民族の影響に染めようとしていることは、第２章で、ドルクン・エイサさんの証言としてお伝えしました。ウイグル人の消滅こそ、中国の長期的目標だと思われますが、ウイグル亡命政府、東トルキスタン共和国の統計によると、ウイグル人1500万人に対して、移住してきた漢人は2000万人に上るということです。すでに漢民族が人口の多数派となっているのが現状です。中国は、ウイグル人の人口減少にも、失われつつあるウイグル人の未来にも、ウイグル文化の消滅にも留意しません。彼らにとって意味があるのは、本来、ウイグル人に属しているはずの「領土」と「資源」です。

新疆ウイグル自治区のウイグル人を孤立させ滅びの道に追いやるために、中国政府はウイグル人が周辺の同朋《どうほう》から援助を受けにくい状況を作り出しました。新疆ウイグル自治区のウイグル人は、キルギス、ウズベキスタン、カザフスタンなどの各共和国と同じチュルク（トルコ）系の民族です。中国はこれら周辺各国に散らばるチュルク系の人々に手厚い経済援助を行なうことで、自治区内のウイグル人への後方支援を行なわせず、彼らを孤立させるよう仕向けてきました。

さらにカザフスタンからカスピ海経由で新疆に延びる原油パイプラインなどを建設し、中央アジア諸国の豊富な資源を、自国のものにし始めています。ウイグル人の祖国を奪い、資源を手に入れ、中央アジア諸国を中国に依存させ、自らの勢力圏内に収めることに成功しつつあるのです。

こうした事例が示していることは、中国の武器のひとつが人口であるということです。13億人もの人口ですから、１００万人、１０００万人単位を移住させて、移住先の地域や国を中国の支配下に置くことは序の口でしょう。極東地域ではその人口力でロシアを圧倒しています。広大な極東ロシアに住むロシア人はつい先頃までわずか７００万人と言われました。２０１２年夏には６８０万人と言われ、３年後の２０１５年には４５０万人に減少すると予測されています。一方、国境の南側には億単位の中国人が住んでいます。この膨大《ぼうだい》な人口を北上させ、ロシア側で仕事をさせるなどして、極東ロシアの実質的支配を狙っています。

事実、モンゴル北方などには中国系の木材加工企業や鉱山掘削《くっさく》企業が進出、すでに多くの中国人が入植している状況にロシアは強い危機感を抱いています。

領土拡張の機会を窺うのはインドに対しても同じです。中国は１９５０年にチベットを侵略すると、１９６０年代にはインド北西部のジャンムー・カシミール州と北東部のアルナーチャル・プラデーシュ州の領有権を主張し始めました（２１９ページの地図10を参照）。この土地に住んでいる人たちは「自分たちは中国人ではない。インド人だ」と言いますが、中国はそこを中国領だと主張し、そこに住む人々を中国人だと言って譲りません。

中国のやり方は巧妙で、例えばこの地域に住むインドの役人が仕事などで中国に行く時、「中国の領土の中国の住人なのだから、ビザを出すのは本来おかしい」と言って、パスポートにビザの判を捺《お》さず、別紙にビザのスタンプを捺してこれをパスポートにつけるだけの、いわゆるステープルビザを発給しています。インド側は非常に怒っているのですが、いくらインドが怒っても中国はステープルビザをやめません。

さらに中国は２０１０年12月の温家宝首相の訪印に合わせ、雲南省からアルナーチャル・プラデーシュ州に向かうトンネルが完成したニュースを大々的に発表しました。この地域で軍事的な衝突が起きた時には、中国は大規模軍隊をすぐに送り込めるようになったことを、このトンネル完成は意味します。彼らの攻勢は言葉だけでなく、軍事的な力を背景にしたリアルなものなのです。

中国の拡大を抑えるため周辺国に援助するインド

今、世界の平和と安定を脅《おびや》かす最大の要因は、どう見ても中国の飽くなき領土的野心と権益拡大への欲求です。

中国は相手国が独裁体制でも、人権弾圧国家であっても、一切構わずに経済援助などを通して中国の望むものをひたすら追求します。先ほどのミャンマーの例や、独裁国家のスーダンを援助しているのもこうしたことを示しています。

２０１１年７月からアメリカはアフガニスタンからの撤退を開始し、２０１２年７月には小規模な軍事力を残して、撤退をほぼ達成しました。イラクでは米軍撤退後、治安が悪化しており、アフガニスタンでも、タリバンをはじめとするテロリスト勢力の盛り返しが予想されます。

そのアフガニスタンで米軍やＮＡＴＯ軍が戦っていた時、中国はチャッカリ銅鉱山を開発して兆円単位の膨大な利益を得てきました。米軍撤退後のさらなる影響力拡大を狙っているのは確かでしょう。インド政府高官は、米軍撤退後のアフガニスタンについて、「中国はパキスタン軍を使ってテロリストを抑えさせ、自らは経済的支配を試みる」と見ています。

中国という全体主義国家の価値観が世界に広がるのは時代に逆行する事象ですが、私たちが直面しているのはそうした危険な状況なのです。

では、日本は中国にどう対抗していけばいいのか。日本以上に中国の脅威に直面しているインドの対策を見てみましょう。

インドは合同軍事演習も含め、アメリカとの関係をあらゆる面で緊密化しています。

同時に、経済援助などを通じてミャンマーやスリランカにも接近していきます。中国が手を伸ばしているアフリカ諸国への援助にも積極的です。

つまり、周辺国が「中国一辺倒」にならないように、様々な手を打っているのです。中国ほど経済力がないインドにとっては、周辺国に援助するのはかなりの負担ですが、10年先、20年先を見通して、インドは戦っています。

対照的に日本では、対中ODAを強化せよなどという愚《おろ》かな議論が持ち上がっています。言語道断とはこのことでしょう。

日本は中国ではなく台湾や韓国、ASEAN諸国などと経済的・外交的・軍事的なパートナーシップを持つべきなのです。南シナ海での中国の理不尽な振る舞いに怒りながらも、ASEAN諸国は経済的には中国に依存しなければなりません。中央アジアの国々も、アフリカ諸国も、中国人が大量に流入し、利益と資源を奪っていくことに反発しながらも、中国との経済関係を強化せざるを得ません。こうした国々に対し、インドと同じように10年先、20年先を見据《みす》えて日本が積極的に経済協力を行ない、対中依存度を下げるようにするべきです。

なによりも重要なのは、アメリカとの緊密な協力関係を築き上げ、集団的自衛権に踏み込むことです。実際、アメリカは、中国がインド洋や西太平洋へ排他的姿勢で進出することを、非常に危惧《きぐ》しています。アメリカやインドと軍事的連携を強めて中国を牽制するのは、他ならぬアジアの大国、日本の責任であり、我が国の安全保障にとっても最重要のことです。

現状のままでは、中国は経済力と軍事力をさらに膨張させ、それを背景に、東西南北に領土領海を拡大しようとしてきます。太平洋でも、東シナ海でも、南シナ海でもインド洋でも、中国の艦船が我が物顔で動き回る。そんな状況にならないようにするには、日本こそが行動を起こすべきです。

ベトナム、フィリピンも頑張っていることを日本は知るべきです

東日本大震災後の2011年5月21日に来日した温家宝首相は被災地を訪問し、被災者と膝《ひざ》を交えて交流しました。被災者の輪の中に入って「友好ムード」を演出しました。

2010年9月、温氏は、尖閣諸島周辺の日本領海を侵犯して海上保安庁に逮捕された船長の「即時・無条件」の釈放を要求し、「釈放しなければ中国はさらなる対抗措置《そち》をとる。すべての責任は日本側が負わなければならない」と、まるで別人のように居丈高《いたけだか》に我が国を恫喝《どうかつ》しました。

中国がたとえいっときといえども対日「微笑路線」をとったのは、震災で世界中が日本に同情を寄せる中、強硬路線をとることは中国の国際的イメージを

損なうと計算したからでしょう。

もうひとつの理由は、米軍の存在感が増したことです。震災後、「トモダチ作戦」で行なわれた米軍と自衛隊の共同作戦は実戦さながらでした。日米関係は軍事的共同作戦を実施したことで、より緊密化しました。そんな状況下で強硬外交を続けることは、得策ではないと考えたのでしょう。彼らは「尖閣諸島はいずれ奪い取れる」と考えており、巧みな柔軟戦術で乗り切る構えです。日本政府が尖閣諸島を国有化した後の対応でも、領土では一歩も譲らない強硬姿勢を示し、国際世論に訴え、漁船や公船を尖閣海域に繰り出して圧力をかけ続ける一方、例えば日本の財界人を介して日本政府に圧力をかけたり、日本の世論分断を図るなど、ありとあらゆる手を使ってきます。

柔軟戦術のひとつが、中国政府が運用するソブリン・ファンドです。中国の巨額の貿易黒字と外貨準備高が強力な武器になります。中国政府は資金を様々な民間資金の形にして、あらゆる分野で日本を買い漁《あさ》っていると指摘されています。以前から警告されている日本各地の山林や土地の買収はもちろん、日本のあらゆる企業や技術に触手を伸ばし、買い叩き、買い占め、日本を侵食しているのです。

微笑外交の後ろでは、強硬姿勢も見せます。２０１１年6月8～9日、中国の艦隊が宮古《みやこ》島と沖縄本島の間を通過し、太平洋で軍事演習を行ないました。

これを、日本政府は「公海上」のこととして黙認しましたが、２０１０年10月、韓国海軍の哨戒《しょうかい》艦沈没事件を受けて米韓が黄海の「公海」上で合同軍事演習を行なおうとした時、中国は中国近海で外国の海軍が演習することは、中国の「国民感情を害する」として猛反発しました。完全なダブルスタンダードです。日本もこれから毎回「国民感情を害する」と抗議すべきでしょう。

また、中国は東日本大震災で大変な苦況にある日本に対し、レアアースのスムーズな輸出を約束しましたが、実際には輸出規制は強化されたままです。言葉と行動はまったく別物で、中国の本質は変わりません。

アジア安全保障会議で繰り広げられた「応酬」

東日本大震災以降、中国は南シナ海においても極めて強硬な行動に出ています。

次ページの地図11をご覧ください。

2011年5月中旬、フィリピンは自国の排他的経済水域（EEZ）としている南沙諸島のイロキス礁《しょう》付近で、中国の海軍艦艇と海洋調査会社の船が建造物を勝手に作り始めているのを確認しました。

中国とASEANは2002年に「南シナ海行動宣言」に署名し、新たな建造物などの建造は自制するとしていますから、中国の行動は明らかに行動宣言違反です。

5月26日にはベトナムの本土から約120海里（約220km）しか離れていないEEZ内で、中国の国家海洋局に所属する監視船3隻がベトナムの資源探査船を妨害しました。彼らはなんと、ベトナムの探査船が調査に用いていた水中ケーブルを故意に切断したのです。

翌日、ベトナム政府は中国大使館に抗議し、再発防止と損害賠償などを要求しましたが、中国外務省は「中国が管轄する海域で実施した正常な取り締まり活動だ」と開き直りました。

続いて5月31日には、南沙諸島周辺で操業中のベトナム漁船4隻が、中国国

地図11　南シナ海進出を狙う中国

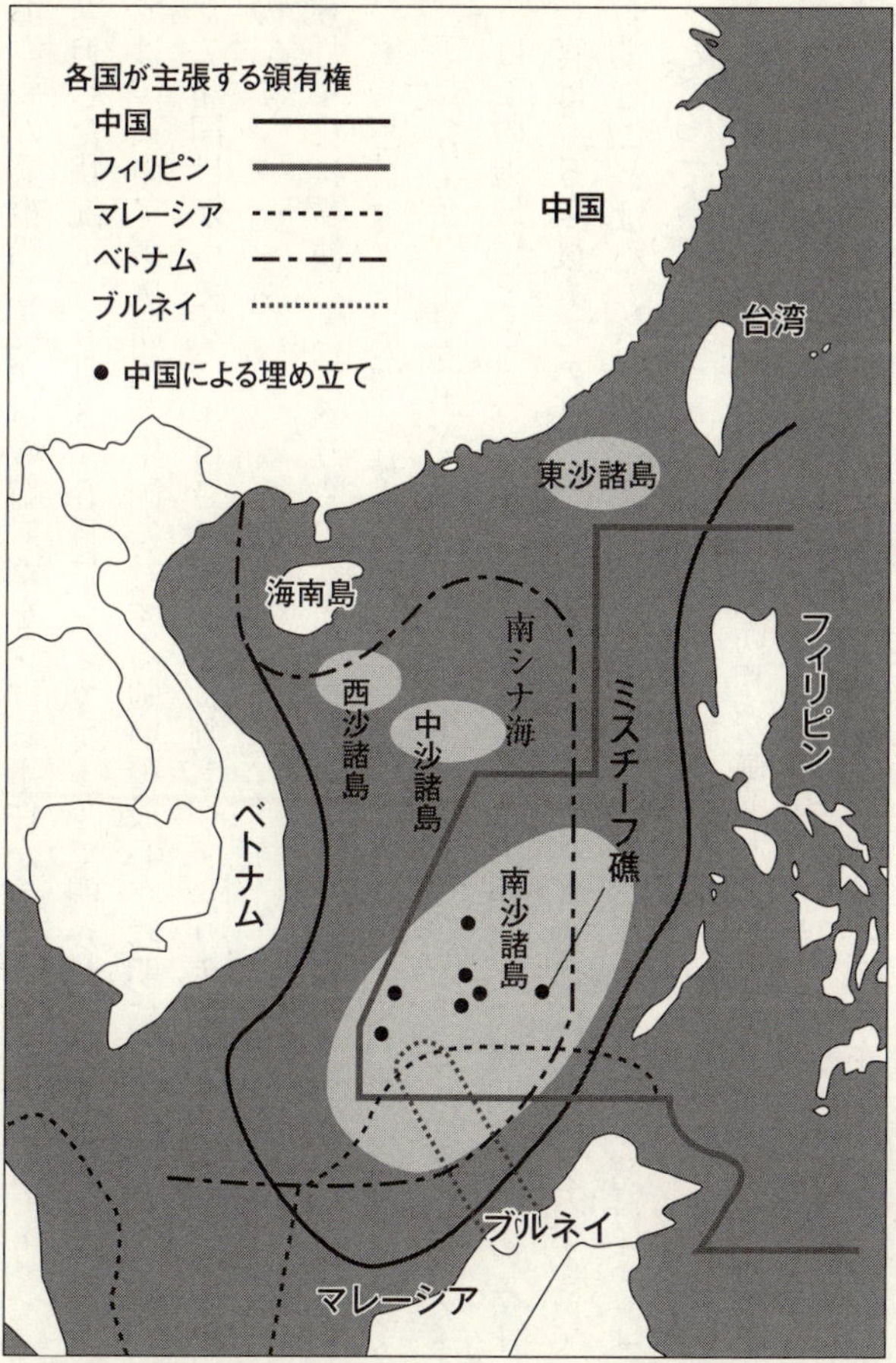

家海洋局の監視船3隻から威嚇《いかく》射撃を受ける事件が起こりました。

緊迫した状況下、6月3〜5日にシンガポールで開かれたアジア安全保障会議では、東南アジア諸国の中国に対する強い警戒心が鮮明になりました。東南アジア諸国はかつてない率直さで中国を批判し、アメリカの関与・協力を求めたのです。

6月4日に講演したアメリカのゲーツ国防長官は、米軍が北東アジア、東南アジア、インド洋に展開し続けることを強調しました。その後の質疑応答では、「アメリカの軍事支出が減り中国の軍事力増強が続く中で、5年後もアメリカはこの地域にとどまり、秩序を守ってくれるのか」との質問に対し、ゲーツ長官は「5年後もこの地域におけるアメリカの影響力は強まることはあっても弱まることはない」としたうえで、「そのことに私は100ドル賭《か》けましょう」と言って会場を沸《わ》かせました。

その翌日、今度は中国の梁光烈《りょうこうれつ》国防相が講演しましたが、その内容は凄まじいものでした。梁氏は冒頭で「核心的利益は守らなければならない」と明言し、アメリカの関与を牽制して「第三国を狙った同盟関係は許されない」と強調しました。自らが引き起こしている問題を棚に上げ、「南シナ海の状況は安定している」とも述べました。

これに対し、ベトナムのタイン国防相は先のケーブル切断事件を念頭に、梁氏の発言を皮肉って「安定しているはずの海で事件が起きた」と指摘し、再発防止を求めました。会議後の記者会見では「この地域の安全には懸念がある」として、アメリカの関与を「歓迎する」と表明しました。

アジア安全保障会議の後、南シナ海情勢はますます緊張を増していますが、中国に対するベトナムやフィリピンの一連の対抗策は非常にしたたかであり、国防の観点から学ぶべき点が多いと言えます。

６月９日には、自国のＥＥＺ内で海底地質調査を行なっていたベトナムの探査船を、またもや中国の漁船が妨害。さらに中国海軍は６月初旬に海南島周辺で大規模な軍事演習を実施しました。

対するベトナムの動きは速く、６月13日には中国が演習を展開したすぐ近くの海域で実弾演習を行ないました。

また、６月15日には中国の３０００ｔ級の大型巡視船「海巡31」が、広東省《カントン》珠海市《しゅかい》を出航して西沙《せいさ》諸島、南沙諸島経由でシンガポールに向かいましたが、フィリピンは2日後の17日、フリゲート艦を南シナ海に急遽《きゅうきょ》、派遣していますす。

このようにベトナムやフィリピンは、南シナ海を狙う中国の動きにはすぐに反応して対抗策を打っています。両国の軍事力は巨大な中国の軍事力とは比べものになりませんが、領土領海に関しては1㎜たりとも譲らない覚悟で、自国防衛に専心しているのです。

両国は、自らの防衛力の強化にも注力しています。ベトナムは2011年の国防予算を前年比70%増、GDPの1・8%に相当する約26億ドルに増やしたと見られています。最新の陸上攻撃巡航ミサイルを搭載可能なキロ級潜水艦をロシアから6隻購入し、艦船30〜40隻を建造中です。北東部には38億ドルを投入した大規模な海軍基地を建設する計画もあります。

フィリピンも軍事予算を前年比81%増の約20億ドルとし、アメリカから退役した巡視船を数隻購入します。現在実効支配している南沙諸島の島々には防空レーダーを設置するなどの措置を急いでいます。マレーシアやインドネシアも潜水艦や航空機を増やすなど、海と空の守りを強化しています。

このようにアメリカがアジア・太平洋地域に関与するという決意と姿勢は、翌2012年6月のアジア安全保障会議でも表明されました。国防長官は前年のゲーツ氏からパネッタ氏に代わっています。パネッタ長官はアメリカはアジア・太平洋を重視するがゆえに、これまで大西洋と太平洋に5対5で配備してきた軍事力を、以降は大西洋に4、太平洋に6の割合で配備すると発表しました。アジア諸国はこの発表を歓迎しましたが、パネッタ長官は同時に、アメリカが財政赤字ゆえに軍事費の大幅削減という現実に向き合わなければならない事情についても言及しました。アジア諸国はアメリカの軍事力を当てにしながらも、着実に自助努力を進めなければならないということです。

他方、一党体制の中国は、2020年までに海洋監視要員を9000人から1万5000人に増やし、監視船260隻を倍増し、航空機も増やす予定だと中国の英字紙『チャイナ・デイリー』が報じました。

2040年から2050年までに西太平洋からアメリカの影響力を排除して同海域の支配権を確立し、アメリカを凌駕《りょうが》する大帝国を築く戦略に向けて、ひた走るという中国の強い意志の表われでしょう。

ビンラディン殺害でパキスタンに接近する中国

インド洋での覇権拡大に集中する中国にとって、オサマ・ビンラディン殺害をめぐって生じたアメリカとパキスタンの関係悪化は好都合です。

1990年、パキスタンの核開発計画が明らかになると、アメリカは対パ経済制裁に踏み切り、中国は逆にパキスタンに肩入れしました。パキスタンの核開発を主導し、1998年にはパキスタンの核実験を代行してやるほどの肩入れでした。中国の支援でパキスタンは世界第5位の核保有国となり、約100発の核を保有し、ミサイルに搭載可能な小型化した核弾頭は50発に上ると見られています。

中国はこうした関係を利用し、戦略的要衝であるパキスタン南西部のグワダルに、建設費の約8割を拠出して巨大な港湾を整備、そこを中国海軍が軍港として使い、インド封じ込めを狙っていることは指摘した通りです。

そうした中で、ビンラディン殺害をめぐっては、パキスタンはアメリカに対し、「我が国に知らせず作戦を遂行《すいこう》した」と抗議し、一方のアメリカは、「ビンラディンはパキスタンが匿《かくま》っていた疑いがある」という見方を崩さず、両国関係は最悪になっています。結果、パキスタンはますます中国に接近することが予想され、アメリカの影響力は削《そ》ぎ落とされ、「インド封じ込め」がさらに一歩進められる可能性につながります。2011年7月から米軍のアフガニスタンからの撤退が始まったことで、中国の影響力は強まりインド封じ込めの環境が整いつつあるわけです。中国は必ず、その動きを加速させてくるでしょう。けれど中国は年間20万件とも30万件とも言われる暴動の発生など、深刻な国内問題を抱えています。

2011年5月には、内モンゴル自治区で、モンゴル民族の男性が漢族の男にトラックでひき殺されたのをきっかけに、数千人規模のデモが相次ぎました。内モンゴルのモンゴル人はこの数十年、凄まじい弾圧を受けました。文化大革命の時には知識人という知識人が殺害されました。1989年の天安門《てんあんもん》事件当時も厳しい弾圧が行なわれ、内モンゴルにはもはや抵抗する意志も力も残っていないと見られていました。しかし、今回のデモには中学生や高校生が参加していました。政府は厳重な警戒態勢を敷いてデモを抑え込もうとしましたが、中高生までもがデモに参加したのです。抑圧に対する抵抗は世代を超えて受け継がれ、決して消えないということです。

こうした反政府運動が民主化の動きにつながるのを、中国政府は極端に恐れ、反政府の動きを封じ込めるために、世界第2位となった軍事大国の国防費を超える大規模予算を国内治安維持のために使っています。

このような状況下で、「西太平洋とインド洋からアメリカの影響力を排除する」という大目標達成の期限、2049年まで中国共産党の一党支配はもつのでしょうか。疑問です。しかし、中国共産党の先行きがどうであろうと、我が国の体制を立て直すことこそ大事です。

中国は軍事力増強の目的を「自衛のため」として、先制攻撃はしないと口では言っていますが、2008年の中国の国防白書を読めば、その主張が嘘であることがわかります。

「敵による第一撃を受けて初めて反撃するということは、敵の攻撃を受け身で待つことではない」としたうえで、「政治的第一撃」も攻撃と見なし、中国はそれに対する武力攻撃の「権利を有する」。つまり、中国が「政治的第一撃」だと思えば、武力を先に使って攻撃するということです。

例えば、日本側が尖閣諸島周辺で通常の監視行動を行なうだけでも、中国がそれを「政治的第一撃」と見なせば、日本への先制攻撃が正当化されかねません。

国際法や国家間の取り決めを無視し、国際常識とはおよそかけ離れた自分勝手なルールで領土領海を拡大してきた中国ですから、私たちは普通の国を相手にするより尚更、万全の備えを考えなければならないのです。

まず、日本国の主張を明確にすること、同時に自国防衛のための十分な力を整えることが欠かせません。それでも挑発が止《や》まない時、日米間の意思の疎通を図りながら、自衛隊の護衛艦を沖縄本島と宮古島の間を通過させて中国近海の公海上に派遣するなどして、中国の動きを牽制することも考えるべきです。日本の海を日本の艦船が通過することも、その先の公海上を航行することも、なんら国際法上の問題はありませんから、ここはいかにして中国の暴走を抑止するかという戦術的計算で敢行《かんこう》するしかありません。

日本が毅然《きぜん》とした行動に出れば、ベトナムやフィリピンをはじめとするアジア諸国は大いに歓迎することでしょう。日本は東南アジア諸国と緊密に連携して、中国の覇権拡大を食い止めるのがよいのです。

極東に迫るロシアは「中国封じ込め」の鍵になります

中国の覇権拡大を抑止していくうえで、大きな鍵のひとつがロシアです。2012年3月の大統領選挙ではプーチン首相が大統領に返り咲き、大統領だったメドベージェフ氏が首相に戻りました。

北海道大学名誉教授の木村汎《きむらひろし》氏が次のようなプーチン氏の言葉を紹介しています。ソ連邦の解体を20世紀最大の地政学的大惨事と考えるプーチン氏は大統領だった2003年に、「ソ連崩壊を惜しまない者には心（ハート）がない。しかし、それを元に戻そうとする者には頭（ブレーン）がない」と語ったというのです。

つまりプーチン氏は、「帝国主義者であり、現実主義者」だという指摘です。

別のロシア専門家は、対日強硬派だったメドベージェフ氏よりも、プーチン氏のほうが北方領土問題に関する交渉の余地はあると言います。

プーチン・メドベージェフ両氏のタンデム（双頭）政権への支持率は、メドベージェフ大統領時代からすでに低下傾向を示し始め、大統領選でのプーチン氏の得票率も6割超と以前ほどの勢いはありませんでした。「反プーチン」のデモが起きるなど、プーチン批判の世論に大きな変化が生じるとは思えません。むしろ、プーチン氏が2期12年間大統領を務めるとなれば、多難な12年になるのではないでしょうか。対日政策という観点から見ても、ロシアが現在置かれている状況を考えれば、プーチン体制になったからといって基本路線は変わらないでしょう。

台頭する中国の脅威に、ロシアが大きな危機感を抱いているのは明らかです。2011年10月にはプーチン氏が訪中し、国連安保理の対シリア決議で揃《そろ》って拒否権を行使するなど、中露は足並みを揃え、関係は良好に見えます。しかし、ロシアの中国に対する凄まじいライバル心と警戒心に留意しなければなりません。

中国はGDPでは日本を上回りました。軍事力においてもアメリカに次ぐ第2の大国になりましたが、中国の軍事大国化にロシアはとりわけ複雑な思いでしょう。なんと言っても中国の軍備は、ロシアの技術を盗用することで成り立っているからです。

中国の戦闘機「殲15」はロシア製「スホイ33」に酷似しており、それは中国初の空母の艦載機になるとされています。中国が急激に数を増やしている潜水艦も、もとはロシアの最新鋭潜水艦を購入し、その技術を盗用したものです。

中国はロシアから戦闘機を含めた様々な武器を輸入しては、コピーしてきたわけです。ロシアから中国への武器輸出が減っている主たる理由に中国の技術盗み取りがあると言っていいでしょう。

中国は2005年以来、北朝鮮の羅津《ラジン》港の埠頭《ふとう》に租借《そしゃく》権を得てきました。日本にとって重大な脅威ですが、同時にロシアもまた、中国がウラジオストクの目と鼻の先にある羅津港に進出したことに大きな懸念を抱いています。

北極海航路に対する中国の野心はあからさまで、地球温暖化が進んで北極圏の氷がゆるみ、年間を通じて船の運航が可能になれば、北極海航路はヨーロッパと東アジアを結ぶ最短航路となります。平面の地図では実感できませんが、地球儀で見ると、北極海経由ならヨーロッパと極東は非常に近くなります。南シナ海からインド洋、紅海、スエズ運河を経る経路に較べて燃料代も3分の2に節約できると言われています（次ページの地図13を参照）。

北極海航路は権益上、ロシアにとって極めて重要な航路となります。ところが中国が羅津港の租借に加え、北極圏の土地を買い漁るなど、北極海への野望を露《あらわ》にしていることも、ロシアの神経を逆撫《さかな》でしています。

欧州を凍えさせたパイプライン構想が見据える朝鮮半島

ロシアはガスパイプラインを通じた〝エネルギー戦略〟を進めていますが、これは単に「極東でビジネスをして影響力を強める」というよりも、対中戦略の一環です。

次ページの地図12を見てください。

ロシアは2011年9月、サハリン沖のガス田で採掘した天然ガスを、ハバロフスクを経由してウラジオストクまで送る全長1800kmに及ぶパイプライ

地図12　ロシアのガスパイプライン構想

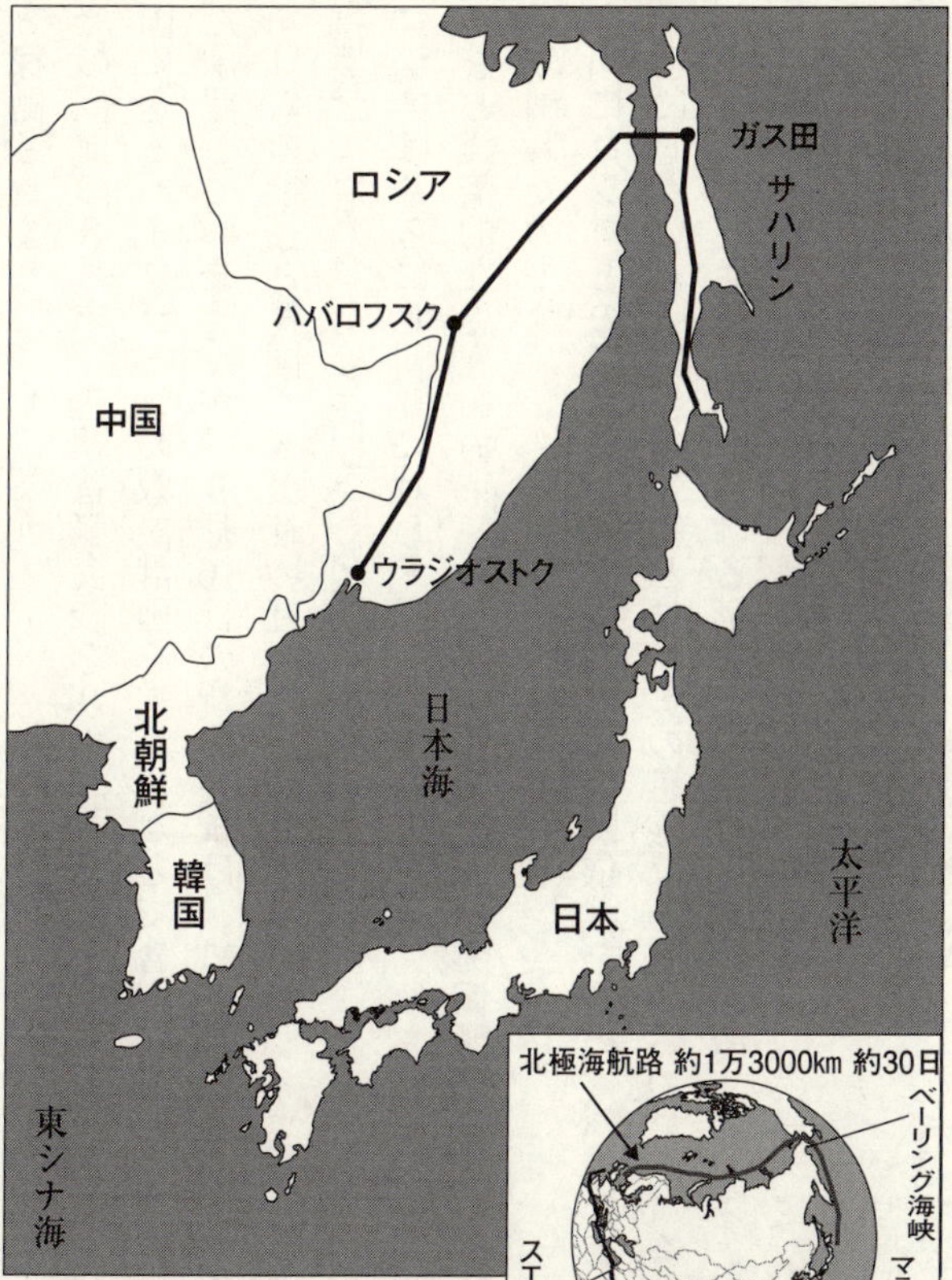

地図13　中国が野心を示す北極海航路

ンを稼働させました。

その直前の8月末、露朝首脳会談を9年ぶりに開き天然ガスを北朝鮮経由で韓国に送るパイプラインの敷設《ふせつ》計画を進めることで合意しました。韓国政府はまだ承認していませんが、9月16日の新聞各紙は、ロシア国営のガス会社、ガスプロムの社長と韓国ガス公社の社長が、朝鮮半島縦断パイプライン計画への「工程表」に署名したと伝えました。

ロシアはさらに北朝鮮に対して、約110億ドルに及ぶ累積債務を帳消しにするなど経済的な恩恵を約束しました。北朝鮮との関係緊密化を示すことで中国を牽制したのです。

中国にロシアとの関係を見せることで、中国依存を弱め、バーゲニングパワーを手にしたいと目論《もくろ》む北朝鮮とロシアの思惑は一致するのです。今後、ロシアと中国の間で朝鮮半島における影響力のせめぎ合いが激しくなることは明らかで、極東のガスパイプラインはロシアにとって力強い〝武器〟になるはずです。

プーチン氏がガス供給をどのように政治的恫喝の道具としてきたかは200

6年1月の事件からも見てとれます。当時大統領だったプーチン氏は、ウクライナへのガス供給を停止し、反露的だったユシチェンコ大統領に圧力をかけました。当時、ヨーロッパは厳冬で、「ロシアがヨーロッパを凍《こご》えさせた」と言われた程、プーチン氏の制裁は凄まじかったのです。ロシア外交の武器として使われた天然ガスなどのエネルギー資源が今、中国と北朝鮮の目と鼻の先、ウラジオストクまでパイプラインで延びてきています。ロシアは早くこのパイプラインを完成させ、朝鮮半島を貫き、いざという時に活用できるようにしたいと考えていることでしょう。

インドの戦略家が描く日露の「中国封じ込め体制」

対日関係についてはどうでしょうか。東日本大震災の後、ロシアの情報収集機が日本の領空に接近を繰り返しました。8月末から9月中旬にかけては極東で大規模な軍事演習を行ない、9月8日にはロシアの戦闘機が日本を1周しました。その2日後には北方領土沖の日本領空に10回も接近し、自衛隊機がスクランブル（緊急発進）しました。

これらのロシアの動きは日本に対する露骨な圧力です。日本がどこまで対応できるか、試しているのであり、厳正に対処すべきです。同時に一連の軍事演習は中国へのデモンストレーションで、軍事的牽制と見ることもできます。対中牽制という視点に立てば、ロシアとインドの関係が大きな意味を持ちます。中国はインド洋で〝真珠の首飾り〟作戦によるインド封じ込め体制を構築し、陸上では中印国境線から深くインド側に入った地域まで領有権を主張しています。インドの警戒心は強く、インドとロシアの波長は対中国で一致しているのです。

インドはアメリカとの関係を急速に強め、日本、オーストラリアとの連携を深めたいとする一方で、そこにロシアも加えたいと考えています。さらに東南アジア、韓国が加われば、地政学的に中国封じ込め体制ができ上がります。

インドの戦略家たちは、日本がロシアと緊密な関係になることは、対中牽制で非常に効果的な戦略だと言います。中国を封じ込め、ロシアから安定して天然ガスを得られればエネルギー安保上もメリットがあるとの指摘もあります。

しかし、プーチン大統領のロシアは国内に対して強権的で、シリアのアサド大統領を支えるなど、中国と〝似た者同士〟です。異質の価値観であり、国際社会の国々の多くが、中国だけでなくロシアに対しても不快感を抱いています。日本の価値観とは異質であり、私たちは容易に受け入れることはできません。

そのうえ日露間には北方領土問題があります。ロシアが、国際法に反する不法占拠を解き、北方4島を返還することなしには、日露関係は前進しません。メドベージェフ氏は大統領時代の2010年11月に国後《くなしり》島に不法上陸しました。2012年7月、今度は首相として再び国後島に不法上陸しました。プーチン大統領は北方領土の軍事拠点化を進めつつあります。このように、プーチン氏らの北方領土に関する立場は強硬です。

日本はロシアの不法占拠、不法上陸にその都度、厳しく抗議することを忘れてはならないと思います。同時に、ロシア国内には4島の占拠が国際法に違反してなされたと認識して、ロシアが真に「法と正義」の国であろうとするなら、日本に返還するのが最善の方法だと発言する専門家もいます。

そのようなロシアの良心的な声をより広い範囲に広げる努力をすると同時に、私たちは北方領土問題の解決は、あくまでも入り口であって出口ではないことを心に刻んでおかなければなりません。北方領土問題を解決したうえで、「中国抑止」の大戦略で合意できれば、両国にとって多くの可能性が生まれることを意味します。

日本人には意外かもしれませんが、ロシア人の対日感情は非常に良いのです。その感情は自動車をはじめとする日本製品の性能が素晴らしく故障も少ないという、製品への評価からきているようです。また、多くのロシア人にとって、日露戦争は、遠い昔のことという感覚なのかもしれません。第2次世界大戦での対日戦争はロシア（ソ連）が100％の加害者です。彼らはなんの傷も受けていないのですから、私たちのソ連観、あるいはロシア観より、彼らの日本観が好意的なのは説明のつくことです。

さて、話は少し遡《さかのぼ》りますが、ロシアが敗北した日露戦争をめぐって、心温まるエピソードがあります。日露戦争中、愛媛県松山市にロシア兵の捕虜収容所があり、多い時で4000人、のべ6000人ほどのロシア兵捕虜がいました。当時松山市の人口は約3万人ですからものすごい人数ですが、松山市民はロシア兵捕虜たちと積極的に文化交流を行ないました。ロシア兵捕虜はとても厚遇され、将校は自由に外出して商店街で買い物をしたり、道後《どうご》温泉の最高級の部屋で入浴したりしていました。一般の兵士たちもみんなで道後温泉に入ったり、お芝居を観に行ったこともあったそうです。1905年8月には、道後公園で松山市民とロシア兵捕虜が自転車競走を行なったという記録もあります。

亡くなったロシア兵のためにきちんと1人1人ごとのお墓が造られ、ロシア兵墓地は今も地元住民や近隣の中学校の生徒たちにきれいに掃除され、献花が絶えません。

日本製品のイメージだけでなく、こうした日本人の心について、ロシアの人たちは伝え聞いているのかもしれません。

繰り返しになりますが、領土問題の解決は容易ではありません。そのことをよく承知して、北方領土返還を粘り強く主張しながら、その先に大戦略を描くのです。焦《あせ》らずに、プーチン政権の行方を見ることです。

アメリカ＋ASEANと「対中諸国連合」を築くべきです

2010年9月の中国漁船衝突事件で、日本が中国の圧力に屈して、領海侵犯にも拘らず、お咎《とが》めなしで中国漁船の船長を釈放したことは、「日本は原理原則のない国」「脅《おど》せば簡単に屈する国」との認識を国際社会に広げました。

2012年9月の尖閣諸島の国有化後には、尖閣諸島問題が国際的に領土問題と認識されてしまう事態を招き、深刻な国益の毀損《きそん》を招きました。中国政府は強硬な姿勢で各国に領土問題の存在を訴えかけ、アメリカ政府は、第三国の領土問題に関して一方に肩入れはしないと繰り返しました。

しかし、2012年9月19日の会談で、習近平《しゅうきんぺい》氏が日本をファシスト呼ばわりする形で非難したのに対し、パネッタ米国防長官は過去よりも未来を見つめることが大事だと述べて日本を擁護しています。同盟国アメリカは言葉の上では中立を保ちつつも、明確に日本の側に立っていると考えてよいのです。問題はあくまでも日本であり、民主党政権にあります。野田政権の異常なまでの事なかれ主義こそ問題です。中国側が国防相を含む政府要人が強硬発言を続ける最中、野田首相も玄葉《げんば》外相も「冷静に対処する」としか言わず、関係閣僚会議から防衛相を外しているのです。日本は国土防衛の覚悟がない国だと発信しているに等しいのです。

そもそもは歴代政権が中国に気兼ねをし、尖閣諸島に港も管理施設も造らず、日本国民の上陸を許可せず、主権を明確にしてこなかったことがこの事態を招きました。

１９７２年の日中国交回復以降の両国関係を振り返れば、日本外交は敗北の連続です。

中国がガス田「白樺《しらかば》」の掘削を開始したにも拘らず、日本は中国を恐れ、東シナ海で進行中の状況について明言しません。日本企業の東シナ海ガス田の調査や試掘の申請を、日本政府は数十年間も許可していません。その一方で東シナ海の開発を着々と進める中国に経済援助を与え続け、譲歩し続けたのです。

尖閣諸島周辺の領海に漁船が突入し海保に体当たりした事件の時も、尖閣諸島の国有化後に中国で起きた暴動と反日デモの時も、日本政府は冷静に対処すべきだと言うばかりでした。多くのメディアも同じ主張をしました。しかしそれでは、中国は図に乗るばかりです。

中国に外交的な敗北を繰り返してきたのは、日本だけではありません。チベット、ウイグルはもちろん、ベトナム、インドネシアなどアジア諸国も、ことごとく中国にしてやられ続けています。インドネシアも、南シナ海で拿捕《だほ》した中国漁船を中国の軍事的圧力で釈放させられました。

史実も現実も無視して自分たちが掲げる言葉だけが正しいと考え、契約も約束も平気で破り、軍事力、経済力などあらゆる力を動員して相手を屈服させようとする。そんな身勝手な中華帝国主義を押し通す国に対して、日本がまっとうな国家なら、何としてでも外交のスジを通すはずです。

日本が単独で行ない得ることに限りがあれば、日米の連携はもちろん、韓国やASEAN諸国との連携強化を急ぐことです。一国で向き合えば経済的、軍事的に非常に強い圧力に晒《さら》されますが、多国間連携ができれば、自ずと中国の圧力も弱まります。

最も効果的な中国への対抗軸として、「アジア海洋諸国連合」を目指すのがよいと考えます。これは日米を軸に、台湾、インド、オーストラリア、ニュージーランド、ＡＳＥＡＮを入れた形が理想的です。日本の生き残りだけではなく、日本がアジア・太平洋で責任ある指導的立場に立つことにつながります。19世紀型の力による領土領海の拡張、いわゆる中華的帝国主義の〝被害〟に遭《あ》っている国が皆、価値観によって結ばれ、仲間として連携する形が整いつつあるのは本当によいことです。

中国空母対策として潜水艦を増やす

アジア海洋諸国連合を主導するには、日本は経済に加えて安全保障でも貢献しなければなりません。例えば、日米安保条約に基づいて行なってきた各種の合同軍事演習をより活発にし、より充実させる。韓国やＡＳＥＡＮ諸国とも積極的に安保交流を進め、いずれは安全保障条約を結ぶのが理想です。

ASEAN諸国は、アジアの強国である日本にあらゆる面で自分たちの側に立ってほしいと願っています。かつて大東亜戦争に関して、日本を厳しく批判したことのあるシンガポールのリー・クアンユー元首相でさえ、「なぜ日本は憲法を改正しないのか」と発言するようになりました。中国の脅威に対抗するには、日本が安全保障面でしっかりしていることが非常に大事だと認識しているのです。

国家は国益に従います。国益を考えて視線を未来に向ければ、結果として過去を乗り越える力を得ます。少し遡れば、ベトナムとアメリカは激しい戦争を戦っていました。フィリピンでは1980年代に激しい反米運動が起こり、アメリカがフィリピンの軍事基地を閉鎖したのは1992年でした。しかし今、ベトナムもフィリピンも中国の脅威に晒され、アメリカの介入を強く求めるに至りました。

一方のオバマ政権も、就任2年目に入った2010年1月以来、中国を軍事的脅威ととらえて、対中、対アジア政策を修正し始めました。オバマ大統領は任期1年目の2009年は一貫して「アジアにおける最重要パートナーは中国だ」として日本を軽視しました。就任2年目以降の対中政策の変化は、中国の脅威を厳しく認識したからに他なりません。日本の民主党政権に呆《あき》れつつも、日本の重要性を見直していると思います。

自国の国民の生命と財産、領土領海を守るには、「したたかな計算」が必要です。それが国益に適《かな》うとなれば、過去の経緯にも、否、昨日の発言にも目をつぶって政策を大転換させる。それが外交の常識です。

国益を守り、国民を守るために、でき得るすべてのことをする。過去の政策の見直しとともに、未来に向けて私たちは果敢に変わりたいものです。

どんなことができるのか、想像力を働かせてみましょう。例えば、空母艦隊を保有しようとする中国に対して、日本は中国の空母封じ込めに有効な潜水艦の数を大幅に増やすのです。いま民主党は16隻の潜水艦を22隻にしようとしていますが、5年もかけてそれをしようというのです。5年かける余裕があるのか大変疑問です。そこで、迅速《じんそく》な予算配分で最速で潜水艦を増やしていく。その目標に向けて自衛隊員の数も増やしていくのが、費用対効果という意味で最善の方法だと思います。

文化的貢献でアジアから信頼される国になる

中国に対抗するには、アジア諸国との間で、経済的・軍事的協力にとどまらず、人道的・文化的交流も深めていくことが有効です。日本の得意分野で、大々的に、人々を幸福にするような積極的な貢献を図るのです。中国共産党は国民のだれひとりも本当の意味で幸福にしていないと、私は思います。

政府高官のみならず、軍隊も経済界も、上から下まで腐敗体質に染まっているのが中国です。地下経済、つまり中国共産党が認めようとしない違法金融の総額は実に中国の発表するＧＤＰの半分近い規模だとされています。そうした巨額の資金は権力者の一族郎党に握られます。中国のＧＤＰは約５００兆円、その半分と言えば２５０兆円です。巨額の不正資金が渦巻《うずま》く中国では富裕層の90％以上が直系の家族を海外に住まわせ、こうした人々による海外への資産移転は毎年10兆円規模と言われます。想像を超える富を持つ人々がいるのです。その富裕層の対極に人口の70％を占める農民がいます。彼らは人間らしい扱いも、満足な医療も受けられません。

　こんな虐《しいた》げられた人たちのためになる医療を日本の発意で作るのです。例えば中国で発生したＳＡＲＳ《サーズ》（重症急性呼吸器症候群）や新型インフルエンザなど、未知の病気の脅威からアジアの人々を守るために日本が資金を出して、「アジアワクチンセンター」といったような医療研究機関を作るのはどうでしょうか。数百億円かかるとしても、日本の予算規模からすれば、たいした金額ではありません。

　日本がワクチンセンターを作り、日本だけでなくアジア諸国の人たちが安価でワクチンを使えるようにすれば、より強い信頼を得ることができます。さらに、そのワクチンをアフリカなどへの支援として活用すれば、日本の善意がより広く広がります。

　こうしたことは、中国には決して真似できないことです。「アジア海洋諸国連合」を作り、諸国と連携する中で、例えば右のようなプロジェクトを介して日本が信頼される国になっていけば、今後、中国が領海侵犯したり、様々な圧力をかけてくる時にも、アジアの世論、ひいては世界の世論は日本の側に立つはずです。

文化的な貢献としては、こんな方法もあります。

日本は民主主義国家であり、自由な発言、報道ができる国です。だからこそ、アジア諸国の作家やジャーナリスト、人権活動をしている人々を対象に、例えば「アジア報道の自由賞」や「アジア人権賞」などを創設するのです。

2008年に、中国の303人の有識者が中国共産党の一党独裁の終結、三権分立、民主化の推進、人権状況の改善などを求めた「零八憲章」という宣言文を発表しました。その発表直前に、起草者のひとりである劉暁波《りゅうぎょうは》氏が拘束され、2010年春に国家政権転覆扇動罪で懲役11年の判決が確定して、今も獄中にあります。劉氏は2010年10月8日にノーベル平和賞を受賞しました。ノーベル賞委員会のヤーグラン委員長は、「反体制派に平和賞を授賞しないよう、中国は委員会に圧力をかけている」と、公に中国政府を非難しました。

中国は劉氏の受賞を報じるニュースをブラックアウトさせるなど、情報操作に躍起です。それだけ、自由や人権のために戦っている人を中国政府は憎んでいると言えます。この劉氏のように、自由、人権、民主主義のために命懸けで活動している人に、日本が賞を授与すればよいのです。中国が圧力をかけてきたら、「あなたの国の憲法に学んで、実践しているのです」と答えればいいでしょう。

中華人民共和国憲法には「人権を尊重、保護する」「中華人民共和国公民は言論、出版、集会、結社、行進、示威《じい》の自由を有する」「人格の尊厳は、侵されない」など、美しい言葉が並んでいます。

「中国の素晴らしい憲法を参考に、日本も文化的活動に取り組んでいます」

それくらいの皮肉を言えれば、日本も立派でしょうね。

また、日本の大学への留学生は中国人が圧倒的多数を占めていますが、もっと東南アジアや世界各国から多くの学生を招くことが大切です。日本政府が経済的に援助し、日本をアジアの学問研究の中心地、そして自由な言論の中心地としていくことです。もちろん日本国内の教育改革は必須で、ＯＥＣＤ加盟国で最低レベルとされる教育予算を高めていくことです。

日本の強みは、経済力のみならず、その深い文明・文化にあります。李登輝《りとうき》元総統をはじめ台湾の人たちは、日本人の節度と慎《つつ》ましさ、「強きを挫《くじ》き、弱きを助ける」といった「日本精神」を称賛しています。幕末から明治にかけて日本を訪れた欧米人は、日本人の心の優しさ、教育の高さに驚嘆し、安全で清潔で幸せな社会に感動しました。1856年に初代アメリカ総領事として来航したタウンゼント・ハリスは『日本滞在記』の中で日本のことを「質素と正直の黄金時代」と書いたほどです。逆に清朝中国を訪れた欧米人の多くが、不潔さや嘘や盗みの横行に辟易《へきえき》し、二度と行きたくないと書き残しています。

こうした文化・文明、価値観を通しての主張にもっと力を注ぐべき時です。

主張5　北朝鮮問題をテコに中国を牽制せよ

２００７年、私は日本の現状と将来が心配で、ひとりの言論人にすぎないけれど何かしなければならないと考えて、国家基本問題研究所（以下、国基研）という小さなシンクタンクを創りました。日本の国益のためになる政策や戦略を考え、それをまず多くの日本人と共有したいと考えました。さらに、その実現のために政界や経済界に働きかけたいとも考えました。

それにしても、なぜ国基研を創ったのか。日本にはシンクタンクが70〜80はあります。しかし、その多くが政府や業界とつながっています。または経済など特定分野に特化しています。国際社会の大きな枠組みの中で日本の全体像を考え、日本の国益を起点にする研究機関が見当たらないように思えたのです。

そこで、私たちは国益だけを念頭に、どの省庁にもどの業界にも頼らない国民ベースのシンクタンクを作りました。多くの人々に支えられている国基研は、小さいけれど意気盛んです。そのことを誇りとして、やってきました。

国家の直面する基本的問題を取り扱おうという意気込みですから、対象は安全保障、外交、経済、教育、憲法、環境、エネルギーなど多岐にわたります。中でもいくつか、他のシンクタンクが決して踏み込みはしないであろうところまで踏み込み、いち早く問題提起してきたことのひとつが、北朝鮮有事における日本のとるべき対応策でした。

2009年に、国基研は北朝鮮有事の際の日本の対応として、大きく分けて2つのことを提言しました。

一、朝鮮半島の韓国による自由統一を日本は支援する、

二、中国の北朝鮮及び朝鮮半島への介入を阻止する、

です。

現在、北朝鮮は金正日《キムジヨンイル》の死去を受けて金正恩《ジヨンウン》体制が、一応作られています。しかし、誰の目にも金正恩体制が長続きしないのは明らかです。国基研は2012年1月31日、「どうすべきか　金正恩の北朝鮮」というタイトルでシ

ンポジウムを開催しました。

まず、「どうなる　金正恩の北朝鮮」ではなく「どうすべきか」としたタイトルに注目していただきたいと思います。日本人を拉致《らち》し、その他多くの人々を拉致し、300万人とも言われる自国民を餓死させた金正日後の北朝鮮情勢の展開を、私たちはただ見守っていてはなりません。日本国としての意思を持って、積極的に、朝鮮半島の人々のためにも、日本のためにも、他のアジア諸国のためにも、最善の体制作りを働きかけていくことが大事だと考えたがゆえの「どうすべきか」なのです。朝鮮半島は日本にとって重要な地域です。受け身であってはならないということでもあります。

中国にとっても同様でしょう。日本が、中国やロシアが朝鮮半島を支配するようなことになれば、日本の安全は脅かされると考えるように、中国も同じように考えていることでしょう。中国をよくよく観察すれば、朝鮮半島問題がきっかけになって中国の王朝が滅びてきたという意識が見てとれます。日清戦争はそのひとつの事例だと彼らは考え、北朝鮮に中国の支配体制を確立しなければ、また同じような苦い歴史の転換に直面すると考えているのです。

現実を見れば、中国共産党が必死に守ろうとしている彼らの体制は、決して国民を幸福にはしません、できないのです。いま年間30万件も発生している暴動がそのことを物語っています。チベット、ウイグル、モンゴルをはじめとする異民族問題を、彼らは凄まじい弾圧で辛《かろ》うじて抑え込もうとしています。そんな不安定な国内情勢を前に、北朝鮮に韓国やアメリカや日本の影響が及ぶことは、中国国内の民主化を求める勢力の拡張につながると恐れているのです。だからこそ彼らは北朝鮮への自由主義圏の影響を断じて排除しようとするでしょう。そこで、私たちは、朝鮮半島をどのように自由と民主主義体制の国にしていくかを論じ合いました。

シンポジウムには2人の韓国人を招きました。1人は脱北者で元朝鮮労働党幹部で詩人の張哲賢《チャンチヨルヒヨン》氏です。

張氏は2000年から2004年、朝鮮労働党統一戦線事業部政策課に勤務し、また詩人として金正日の側《そば》近くに仕えました。韓国に亡命した大物の中で、北朝鮮中枢部の事情に精通している点については、先に韓国に亡命し死去した黄長燁《ファンジヤンヨプ》氏に優るというのが、もう1人のスピーカー、洪熒《ホンヒヨン》氏の評価です。洪氏は駐日韓国大使館の元公使で現在、活発な評論活動を展開中です。

張氏は正恩政権を「孤児の政権」と呼びます。父母がいないという意味を超えて、実際の後ろ楯《うしろだて》が誰もいないという意味です。

「金日成が死んだ時に金王朝の支配を正当化する理念が崩れ、金正日が死んだ時に権力が崩れました。金正恩は理念も権力もない抜け殻体制です」

張氏はこう語り、今こそ日本も韓国も北朝鮮の弱点を突かなければならないと強調しました。弱点とは、決定を下せる人間がいないということに尽きると言います。

金正日の死で誕生したのは20代の経験不足の若者をトップにした集団指導体制です。しかし、北朝鮮ではこれまでずっと金正日1人がすべてを決定してきました。誰も決定権など持ったことも行使したこともないのです。おまけに金正日は権力の二重構造を作り、それを利用して実権を握りました。張氏はこのことを次のように説明しました。

「金日成は国家主席、党の総書記という職位を持っていましたが、これは形式にすぎなかった。1985年以降、金正日は党の組織指導部を握って、組織指導担当書記を軸とした唯一指導体制を構築しました。そこがすべての権力を握り、総書記や国家主席は形だけになったのです。1994年に金日成が死んだ時、形だけの人間がいなくなっただけだから、混乱は起きなかったのです」

張氏はさらに踏み込んで説明しました。

「北朝鮮の権力構造は、党総書記や国家主席を中心とする象徴的な権力しか持っていないグループと、組織指導部を中心とする実権グループに分かれます。金正日は個人独裁権力体制を作るために、権力の分散を行なったのです。つまり、公的な職位や肩書は与えるけれども実権は与えない。実権は与えるが、公的肩書は与えない。従って金正日が死んだ後、葬儀委員会の名簿の序列を見て、北朝鮮の権力を占うのは大変な間違いです」

このような北朝鮮の権力体制の分析をしてみせたのは張氏が初めてです。金正日死去のニュースからひと月半が過ぎたこの時までに、私はここまで踏み込んだ分析は目にしたことはありませんでした。説得力のある貴重な分析だと思いました。

張氏の説明に基づいて考えれば、どのようにして北朝鮮の内部分裂を誘うことができるのか、金正恩体制を早く終わらせることができるのかも見えてきます。決定を下せる人物を欠いた集団指導体制自体が二重構造の弱みを内包しているのです。であれば多人数からなるこの集団指導体制に多層的に働きかければ、内部の意見対立を誘い混乱を生じさせる余地が生まれるでしょう。それはある意味、日本にとっての交渉の突っ込みどころになります。

張氏は、いま正恩体制の実権は張成沢《チャンソンテク》を中心とする党組織部が握っているが、張成沢には、金正日にあった神格化の要素が全くないために、その基盤が強くないこと、そこに日本や韓国が変化を期待する余地があると語りました。

では、朝鮮労働党と軍の関係はどうなっているのか。危機の時、軍部が行動を起こすことはあるのか。北朝鮮軍の規模は200万人体制とも言われていますが、その軍が決起することは考えられないと、張氏は言いました。

「200万人体制と言いますが、その中には、人民保安省、国家保衛部、政治警察、建設部隊なども含まれています。彼らには、実際の力も行動力もありません。なぜなら、こうした一般の軍隊は部隊長と政治委員の両方が権力を分散する形で指導体制を作っています。部隊長は自分の部隊を掌握できないように、しばしば交代させられるのが常です。さらに部隊の上には党の組織指導部が目を光らせています。北朝鮮軍は党の組織指導部の下にあります。しかし、現在、誰ひとり全権を掌握する人間がいないことに留意すべきです」

さらに、北朝鮮に国際社会を恫喝し続ける精鋭部隊はいるのか。いるとすればどこにいるのか。張氏は党の作戦部の7000人の部隊がそれに当たると言います。

「作戦部は呉克烈作戦部長が20年以上その地位にいて、手塩にかけて育て上げた部隊です。彼らの手に核とミサイルがあり、北朝鮮の最後の砦《とりで》ともなっているのです」

北朝鮮が絶対に核を諦《あきら》めないのは、それなしには北朝鮮の軍事力の脆弱性《ぜいじやく》が余りにも明らかだからです。

正恩体制の揺らぎがいつ体制の変革につながるかを予測することはできませんが、その間にも日本は拉致問題の解決に知恵を巡らせなければなりません。

張氏は、金正日が死んだ直後がひとつの好機だったと強調しました。

「日本政府は、権限を持っていない北朝鮮の外務省の人間など公的な立場の人間とだけ交渉するのではなくて、拉致を担当している工作部署の人間と話をするように迂回《うかい》的な方法も使うべきではないか。また金正恩集団指導体制に対して、新しい指導部という用語を使うことによって、あなたたちは過去の責任からは自由だという空間を与えてやるようにしなければならない。北朝鮮も対外問題を使って内部の混乱を収拾しようとする可能性は十分ある。彼らが日本との協議に応じてくる可能性はあるでしょう」

拉致担当相の松原仁《まつばらじん》氏は最も熱心に拉致問題に取り組んできた政治家の一人です。松原氏への期待は極めて大きかったのですが、松原氏は1年もたたずに交代させられました。民主党の3年余りの政権で、拉致担当大臣は8人目、これでは拉致問題の解決など覚束《おぼつか》ないのは当然です。

中国への対処で、日本が持っている最強の武器はたびたび強調するように価値観です。自由と民主主義と法の遵守《じゅんしゅ》を呼びかけ続け、世界に向けて強調し、中国が国際社会の眼前で朝鮮半島を蹂躙《じゅうりん》できないように、抑止することとです。

もうひとつ日本がすべきことは冒頭で紹介した国基研の提言にも書き込まれています。日本は韓国による自由統一を支援することを内外に提言し、そのために韓国を支えるのです。２００９年の米韓の合意は北朝鮮有事の際には韓国による自由統一を推進するという内容でした。日本はその合意への支持と賛同を明確にすればよいのです。

こうして初めて、朝鮮半島有事という歴史の大転換点で日本は韓国との長い歴史上の軋轢を乗り越え、真の友好国になっていき、中国も牽制していけると思います。

第4章 問われる日本の覚悟

平和は力を背景に勝ち取るもの。国民の国防意識低下は結果的に平和を遠ざけます

２００９年８月に民主党政権が誕生して以来、日本に起きたことは、一言で言えば「国防の決定的な綻《ほころ》び」でした。

自民党時代も、国防はお粗末でしたが、それでも日米安保体制を基軸に日本の領土領海を防衛する姿勢は保ってきました。ところが民主党政権は「友愛」「東アジア共同体」という方針を打ち出し、日米同盟をないがしろにしました。そこに、隙《すき》あらば日本の領土を奪い取ろうという国々が、絶好の機会と見て攻勢を仕掛けてきたのです。

この状態は清朝末期の中国に酷似しています。列強に領土を侵食され、国民は悲憤慷慨《ひふんこうがい》するけれども政府は何もできない。そのまま清朝は滅びました。今

の日本も、これと似た状況にあるのではないでしょうか。でも、日本は清朝とは違います。日本の滅びは断じて、国民が許しません。

日本の最大の脅威《きょうい》は、言うまでもなく横暴国家、中国の存在です。尖閣《せんかく》諸島沖での漁船体当たり事件をめぐる対応や尖閣諸島の国有化後の反日デモという名の破壊・略奪行為、中国政府によるありとあらゆる嫌がらせは日本人には理解しがたいものですが、歴史を見れば彼らの理屈や考え方が「中華帝国主義」的価値観に基づいていることがわかります。つまり、「中国は何をしても正しい」という理不尽な理論が彼らの行動の根本にあるのです。

例えばチベットは、かつて「藩部《はんぶ》」と位置づけられ、中国と対等の関係にありました。それどころか、清朝の皇帝はパンチェン・ラマに仏教の教えを受け、精神的にはチベットのほうが上位の関係にあったのです。

こんな記録があります。清の乾隆《けんりゅう》帝の70歳の祝賀の時、お祝いにやってきた李氏《りし》朝鮮の特使は、パンチェン・ラマに対しても乾隆帝に対するのと同じ叩《こう》頭《とう》の礼をしなければいけませんでした。この時、李朝の特使は我々はチベットの属国ではないと怒ります。それでも清朝は「チベットはわが国にとって同格の同盟国であり、パンチェン・ラマは清朝の皇帝と同格である」と言って、口《く》惜《や》しさに天を仰いで慟哭《どうこく》した李朝特使に叩頭させました。この当時、清朝は、チベットを同格の同盟国と位置づけていたのです。

しかし清朝は後にそれを反転させ、チベットを直接統治下に組み入れました。清朝の軍事力は列強に比べれば非常に弱いものでしたが、仏教国だったチベットの軍事力はないに等しく、清朝に征圧されたのです。

清朝滅亡後、チベットは独立を回復しましたが、１９４９年に中国共産党政権が誕生すると、翌１９５０年には「和平解放」の名目で再び占領されました。そして今、中国はチベットを「核心的利益」と位置づけて、いかなる外国の介入も、いわんや独立も許さないと主張しています。

『殺劫（シャーチエ）チベットの文化大革命』（ツェリン・オーセル著、ツェリン・ドルジェ写真、藤野《ふじの》彰《あきら》、劉燕子訳、集広舎刊）は、父のドルジェが文化大革命中に撮影し密《ひそ》かに保存していた数百枚の写真について、娘のオーセルが６年間の取材を重ね、七十数人の関係者の証言をもとに仕上げた、チベット人迫害の事実を集大成したとも言える本です。その解説の中で、中国総局長を２度務めた読売新聞の藤野彰氏は、文革をはさんだ1951年から1983年までのチベット人犠牲者を、チベット亡命政府の数字として次のように列挙しました。

抵抗死43万2000人、餓死34万3000人、獄死17万3000人、処刑死15万7000人、拷問《ごうもん》死9万3000人、自殺9000人。

チベット人口は500万から600万人と言われますから、この数字のなんと凄《すさ》まじいことでしょうか。

日本が反論も反抗もしないことを見透かされている

中国政府によるチベット人に対する弾圧は今もなお激しく続いています。チベット亡命政府外相のデキ・チョヤン氏は2012年7月に来日した際、2009年以降チベットで焼身自殺が相次ぎ、その数は41人にのぼるとしたうえで、「一連の痛ましい死は非常に強い意志に基づく政治的抵抗なのです」と語りました。

中国政府はチベット人に言論の自由はおろか、信教の自由も、チベット語の学習も許しません。チョヤン氏はこう続けました。

「チベット仏教の寺院には寺院経営と称して、これまでに少なくとも2万1000人の漢族の役人が送り込まれました。彼らは『2つの徹底』を担います。第1は愛国教育で、中国共産党のイデオロギーを繰り返し学ばせます。第2はダライ・ラマ法王を悪人として徹底的に非難させることです」

中国政府はこうしてチベット人の心を打ち砕くだけでなく、幾十世紀もの間、遊牧生活をしてきたチベット人に定住を強制しています。遊牧民に家畜を手放させ、仕事の斡旋《あっせん》を約束し、一時金を与えて煉瓦《れんが》造りの住宅に定住させるのですが、多くの場合は仕事を与えてもらえません。生活の展望を切り開くことができず、チベットの人たちは精神的にも物理的にも破壊されていくのです。

こうした中国政府の統治の理不尽さを、命を賭《か》けて世界に訴えているのが、相次ぐ自殺者だとチョヤン氏は言います。しかし卑劣なことに、中国政府は焼身自殺した僧たちを「テロリスト」と呼ぶのです。

中国政府がテロリストと呼ぶのは、ウイグル人に対しても同じです。200

1年9月11日、米国が同時多発テロ攻撃を受けたとたん、中国政府は国内のイスラム教徒であるウイグル人をテロリストと位置づけました。テロリストという言葉を使い、9・11をチベット人やウイグル人弾圧に利用する。中国の残酷さと狡猾《こうかつ》さがここにも表われています。

チベット占領は、中国が建国時から軍事侵略国家の傾向を色濃く持ち合わせていたことを示しています。そしてチベットに起きたのと同じことが南シナ海で起き、東シナ海でも起きようとしています。

中国は1992年に南シナ海にある西沙《せいさ》、南沙《なんさ》、東沙《とうさ》、中沙《ちゅうさ》諸島のすべてを「自国領である」と宣言しました。歴史的事実とも現実ともかけ離れた領有権の主張ですが、彼らは事実など一切気にしません。まず言葉によって中華帝国の版図《はんと》を宣言し、軍事力を背景に、嘘や謀略を駆使してその実現を図《はか》る。その結果、南シナ海は、中国が実効支配してしまっています。

その手法には一定の型があります。まず漁民を装った軍人を、周辺の島々や海に進出させるのです。元々の領有権を有する国々が、船を拿捕《だほ》したり「漁民」を捕らえると、それに対して海軍の軍艦を白く塗り替えて、所属を国家海洋局に移しただけの事実上の軍艦を動員して、報復もいとわないという姿勢で圧力をかけ、相手を屈服させます。

中国は、国際社会の非難を回避するために、軍艦を派遣しながら、圧力は軍事的なものではないという形を整える狡猾な国なのです。

この構図は、尖閣諸島で起きていることと見事に重なります。

彼らの中華帝国的版図拡大への欲求は、とどまるところを知りません。すでに中国の歴史研究家たちは、尖閣諸島や東シナ海だけではなく、沖縄も中国の領土だと言い始めています。

本書でここまで述べてきたように、北朝鮮問題もまた「中国問題」にほかなりません。北朝鮮は金正日《キムジョンイル》からまだ若くて権力基盤の脆弱《ぜいじゃく》な金正恩《ジョンウン》体制に移り、いつ何が起きるかわからない状況にあります。北朝鮮有事の際には、日米韓が連携して北朝鮮に対峙するのは当然ですが、その背後にいる中国との衝突こそ、想定しておく必要があります。

中国、そして北朝鮮。この2つの大きなリスクに加え、北方領土をめぐってロシアも動きを加速させています。

周辺諸国が日本に触手を伸ばしている背景に、我が国の「国防意識の低さ」があります。日本には自衛隊が存在していますが、政府は自衛隊がその実力を発揮できるような法制度を整えていません。安倍政権を除いて、歴代自民党政権も、民主党政権も、国家を支える力のひとつが軍事力であるという事実を直視しようとはせずに今に至っています。日本は毅然《きぜん》と反論することも、軍事的な反抗もしないと、見られているのです。

日米同盟を「お互い必要不可欠な関係」に

中国の軍事費は1989年以来、たった1度の例外はあるものの2桁《けた》の伸びを続けて今日に至ります。2012年3月に公表した2012年の国防予算は6700億元強（約8兆7000億円）。日本は約4兆7000億円ですから、約1・8倍です。米国防総省の年次報告書では、実際の支出は公表数字の少なくとも2倍と見ていますから、中国の軍事予算は少なくとも「日本の3・6倍」ということになります。

特に彼らが力を入れているのは海軍力の増強で、潜水艦はその数が10年で約

10倍に増え、能力は飛躍的に向上しました。空母も今後、最大で6隻保有すると見られています。また、核弾頭を搭載できるミサイルの開発と増強にも力を入れています。

軍拡の狙《ねら》いは、東シナ海や南シナ海への米軍の介入を阻止することにあります。西太平洋及びインド洋から米海軍を排除したうえで、軍事力を背景に〝大中華帝国〟の実現を目指しているのです。

中国はアメリカがベトナムから撤退すると、1979年にベトナムに侵攻しました。南シナ海の実効支配も、1992年にアメリカがフィリピンに保有していた大規模な海軍、空軍の両基地を閉鎖し、撤退した直後の軍事的空白をついて行なわれました。

2010年9月に尖閣海域で起きた漁船衝突事件も、民主党政権下で日米同盟が弱体化した隙をつくように起きたことを忘れてはなりません。

中国の膨張を抑えるためにはその地域へのアメリカの関与が絶対条件です。だから、日本は日米同盟をより強固なものにすることが重要なのです。

本国から遠く離れているため、米軍の東シナ海、南シナ海、インド洋におる中枢戦力は空母になります。しかし財政状況の悪化から、オバマ政権は軍事予算を10年間で少なくとも40兆円、議会の審議次第では最大80兆円減らし、空母も現在の11隻から9隻にするとしています。

その分、日本が果たすべき役割は相対的に大きくなります。日米安全保障条約を対等のものにするためにも、日本は同盟国としてアメリカの弱い部分を補完し、支え合う工夫をしなければならないでしょう。

例えば、こんなことも考えてよいでしょう。空母1隻の建造費用は約2兆円ですから、日本が一部を出資して空母をアメリカと共同で建造、保有し、オペレーションも共同で行なうようにする。現実には難しいのは当たり前ですが、要はそれだけの前向きな姿勢を示すことが重要なのです。無論、現行憲法の下で日本が空母を持つという議論をすること自体、無理でしょう。空母保有論のはるか以前に、自衛隊をまともな軍隊にするための法改正や憲法改正が重要なのですから、それらのことも含めて議論を進めるべきです。

しかし、後述するような国民的な国防意識の高まりと憲法改正を経て空母建造への協力が実現できれば、この空母は日米同盟のシンボルとなり、アジアの平和にとっても世界にとっても大きな意味を持つはずです。

民主党政権の目玉政策だった「子ども手当」は2011年10月に児童手当に戻りましたが、子ども手当は月額1万3000円の時でさえ年間約2兆2500億円かかっていましたから、1年分の予算があれば日本は空母を持てるのです。

また、米軍艦船の修理・補修・維持作業を日本が引き受けることも、同盟強化につながります。本国からはるか遠い日本で艦船のメンテナンスを自前で行なうのは、アメリカにとっても大きな負担です。それを日本側にしてもらえるとなれば、我が国に対して大きな信頼を寄せることにつながるはずです。

このようにして日米同盟がInterwoven、つまりお互いに必要不可欠なところまで踏み込み合った関係になれば、現在日本が求めている横田基地の共同使用などに対してアメリカも前向きにならざるを得ないでしょう。

ただし、そのためには日本が機密情報の管理をより厳重に強化する必要があります。自衛隊の次期主力戦闘機の候補だったF22の対日輸出をアメリカが見送ったのは、その技術が日本から中国などに漏洩《ろうえい》することへの懸念が一因でした。

現実に、２００７年には、海上自衛官による情報流出事件をはじめとして、防衛機密の漏洩が起こっているのですから、スパイ防止法などの法律を整備することが急務でしょう。

平和は待っていても空から降りてこない

いくら軍事力を強化しても、そもそも政治家や国民に国防意識が乏しいのでは「張り子の虎」です。

２０１０年10月26日の参議院外交防衛委員会で、自民党の浜田《はまだ》和幸《かずゆき》参議院議員が同年７月に中国で施行された「国防動員法」について質問しました。

国防動員法は外国に居住する中国人、中国で活動する外国企業及びその従業員にも適用され、いざ有事の際には、中国の国務院と中央軍事委員会が共同で「領導」つまり命令を下すというものです。

中国で仕事をしている日本企業が事実上、技術供与を強要される可能性があるのみならず、日本に外国人登録をして住んでいる68万人の中国人が、中国国務院と中央軍事委員会の指示で動くという法律です。そうなれば、本国からスパイやテロ、騒乱を含めて、どんな命令が下されるかわかりません。

北京五輪の聖火リレーの際には、長野の町を五星紅旗《ごせいこうき》が埋めつくし、日本にいる圧倒的な数の中国人が、抗議に集まったチベットの人たちに暴力を振るいました。まだ国防動員法が施行されていなかった段階でさえ、私たちは中国人の数の力の恐ろしさを痛感させられました。

国防動員法が施行された今、対日敵対行動に68万人が走る可能性があるということです。自衛隊員は23万人弱、その3倍近くの在日中国人の動きを支配できる国防動員法について、北澤俊美《きたざわとしみ》防衛相は、

〈ちなみに日本も昭和16年に総動員法を発令して、これと中国の今のを見ますと、まったく日本の昭和16年にやったのと同じことをやっておるなとしみじみ感じた次第でありまして〉

とまるで他人事《ひとごと》のようでした。日本の国家総動員法が戦後の終身雇用に役立ったという答弁でしたが、的外れだと感じました。

政治家だけではなく国民の間にも、自衛隊を強化する議論となると、タブー視する空気が根強くあります。「平和」は待っていれば空から降ってくるもの

ではありません。強い力を背景に勝ち取るものです。国民の国防意識の喪失は、結果として平和を遠ざけてしまいます。

日本人がこれほどまでに国防意識を喪失した理由のひとつは、戦後、歪曲《わいきょく》された歴史観に基づいて、「戦前の日本は軍事国家であり〝悪〟だった」と教育され、刷り込まれてきたことです。そのため、軍や軍人に対するアレルギーが生まれてしまいました。

日本が戦争で悪いことをしたと思い込んでいる人は、ぜひリットン調査団の報告書を読んでみてください。『全文リットン報告書』（ビジネス社刊）は、渡部昇一《わたなべしょういち》氏が非常にわかりやすい解説とともに編集されています。あるいはジョン・アントワープ・マクマリー原著、アーサー・ウォルドロン編著の『平和はいかに失われたか』（原書房刊）を読めば、日中戦争の原因を作った多くの責任が中国側にあることが理解できるはずです。

東京裁判についても、佐藤和男《さとうかずお》氏監修の『世界がさばく東京裁判』（明成社刊）を読めば、日本が犯罪国家とされたことに対していかに世界中の学者たちが疑義を持っているかがわかります。日本人は「日本が悪いことをした」と思い込む前に、こうした事実関係をしっかりと知っておくべきなのです。

諸外国では軍人は尊敬の対象です。例えばアメリカなどでは、地域のロータリークラブの幹部に、軍人や軍のOBが必ず入っています。サンディエゴを訪れた時に、空軍基地周辺の住民と話をする機会があったのですが、彼らは騒音を嫌がるどころか「ｏｕｒ ｂｏｙｓはとてもよく働いている」と、軍人たちを自分の息子のように大切に思っていました。

翻《ひるがえ》って日本では、自衛隊員が国民から尊敬されることはなく、制服を着て外出することさえ憚《はばか》られるような状態です。これでは国のために命をかけて戦う隊員たちがあまりにも可哀相です。

国防意識が薄れたもうひとつの理由は、戦後、国防をアメリカに頼りきってきたことです。自らは経済に専念して繁栄を謳歌《おうか》するという楽な状況を続けてきた結果、日本人には他者に依存する体質が染みついてしまいました。

今、中国の脅威に対し、アジア諸国や親中的だったオーストラリアまでもが自国の国防力を強化するために軍事費を増やしています。対照的に日本は防衛費を減らし続けており、その額は約4兆7000億円。GNPの1%未満です。韓国などがGNPの3％以上を支出していることを考えると、日本がいかに負担を軽くしてアメリカに頼っているかがわかります。防衛費を大幅に増やし、平和を守るために十分な装備と人員を確保すべきだという点は繰り返し強調したい点です。

なによりも現状を改める第一歩は、虚構の憲法を改めることです。憲法前文には〈平和を愛する諸国民の公正と信義に信頼して、われらの安全と生存を保持しようと決意した〉と記されていますが、中国に公正と信義がないことは明らかです。彼らを信頼していては安全も生存も保持することはできません。

憲法を改正し、自衛隊を軍としてきちんと位置づける。もちろん侵略戦争はしないけれども、自衛のためには集団的自衛権も行使して、断固、戦うことを、国家の意志として書き込むべきです。

民主党は2009年の総選挙で「国民の生活が第一」のスローガンを掲げて躍進し、小沢一郎《おざわいちろう》氏は民主党を飛び出した今も「国民の生活が第一」を党名にしています。しかし、領土が奪われれば、国家も国民生活も存在しえません。今こそ日本人ひとりひとりが、そのことを心に刻むべき時なのです。

中国を向いた小沢一郎氏は「異常の国」を作ろうとしています

小沢一郎氏は1993年5月に『日本改造計画』（講談社刊）を上梓《じょうし》しました。その中で小沢氏は、日本は「普通の国」、まっとうな国になるべきだと説き、自国を自力で守るだけの軍事力を物理的にも法律的にも整えること、日米同盟を基軸に、安全保障面でも日本にふさわしい国際貢献をすべきだと主張しました。国の安全保障をほとんど考えてこなかった日本において、小沢氏の当時の考え方は自己責任で日本を守るべきだと説いた点で画期的でした。1991年の湾岸戦争で日本がお金による貢献しかできず、国際社会の顰蹙《ひんしゅく》を買ってしまったことへの言い様のない無念の想いを抱いていた私は、小沢氏に大いに期待しました。

しかし、氏の主張と行動は、その後180度転換しました。日米同盟重視から「日米中正三角形論」に移行し、日本の防衛には「第七艦隊だけいればいい」と語るようになりました。広く世界を見ていたと思われていた人物が、実はそうではなく、日本を取り巻く世界情勢の大きな潮流さえも見誤っていたのです。

なぜ、そんなに視野が狭くなり、なぜ、そんなに日本国の進路を間違えてしまうのか。原因は、小沢氏の行動や主張は、「政策実現」のためではなく、「権力奪取」のためでしかないからでしょう。自民党から飛び出したのも、民主党から飛び出したのも、結局「権力闘争」のためで、国家のため、国民のためなどではないのでしょう。

小沢氏は「国家観」や「理念」という言葉を多用する政治家です。しかし、外交・安保において〝変節〟を重ねた氏によって我が国は深い傷を受けました。特に民主党幹事長として政権を奪って以降の小沢氏の中国への傾倒は、日本国家の存在をも危うくしかねないものでした。小沢氏にこそ、国家観や理念が欠けている証拠だと思います。

歴史を振り返れば、古代日本の最重要課題は「中国に呑《の》み込まれない」ことでした。聖徳太子は「日出処の天子、書を日没する処の天子に致す」の外交で、国家としての形を作り始めた時から、中国と対等の立場を築くことに腐心し、成功しました。そのおかげで、中国の周辺諸国がことごとく中華文明に呑み込まれる中、ただ一国、日本だけが独自の文化を育《はぐく》むことができました。中国とはつかず離れずでいながら、密接な関係を結ばずにきたことが、日本の繁栄と幸福をもたらしたのです。

しかし、小沢氏は2009年12月、民主党議員140人余を含む総勢600人を率いて訪中しました。当時の胡錦濤《こきんとう》国家主席に議員ひとりひとりと握手してもらい、満面の笑みを見せました。この様子は、国際社会に「日本は中国の朝貢国《ちょうこうこく》か」と印象づけました。日本人の名誉を傷つける行為で、日本が対中外交で端《はな》から「位負け」に陥《おち》いる土台を自ら作っているのです。

今、世界は、中国に対する抑止力をいかに強固に築き上げるかに心を砕いています。

アメリカ、インド、ASEAN諸国にオーストラリア、ニュージーランドなどを加えた各国は、頻繁《ひんぱん》に合同軍事訓練を行なっています。これは、各国海軍の連携によって「ある特定の国」がインド洋や西太平洋を支配することを防ぐのが目的とされていますが、この「ある特定の国」が中国を指しているのは明らかです。

本来なら、日本は真っ先に加わり、日米とインドで中国の覇権主義に歯止めをかけるべきです。ところが、小沢氏は海上自衛隊のインド洋での給油活動を憲法違反と断じ、2010年1月に撤退させてしまいました。明らかに日本の取るべき道とは逆方向です。

「外国人参政権」はマニフェストになかった

こんな小沢氏と民主党の親中姿勢は、極めて危険な事態を生んできました。

2010年4月7日、中国艦隊が東シナ海で軍事訓練をした後、沖縄本島と宮古《みやこ》島の間を通過しました。8日には、警戒中の日本の護衛艦「すずなみ」に、中国のヘリが高さ30m、距離90mまで異常接近しました。30mと言えばマストよりも低く、90mはヘリならたった1秒です。極めて危険であり、撃ち落とされても仕方がない敵対行為です。もし日中逆の立場だったら、中国は間違いなくヘリを撃ち落としていたと言われています。

驚くべきことに、この異常事態を岡田克也《おかだかつや》外相が知ったのは12日で、情報が開示されたのは翌13日のことでした。紛争につながりかねない重大情報はなぜ5日間も伏せられたのか。

4月12日、ワシントンでの核安全保障サミットに出席した当時の鳩山《はとやま》首相は、胡錦濤主席と会談をしました。本来ならこの席で厳しく抗議すべきなのに、鳩山首相は、事件について触れませんでした。官邸と外務省が、鳩山首相が抗議せずに済むように、あえて情報開示を遅らせたのではないか、そう勘繰られても仕方がない展開でした。

さらに5月3日に、東シナ海の日中中間線から日本側に40㎞も入った我が国のＥＥＺ（排他的経済水域）で、海上保安庁の測量船「昭洋《しょうよう》」が中国の調査船に追尾される〝事件〟が起きました。自国のＥＥＺで調査をするのは国連海洋法で認められた権利です。にも拘《かかわ》らず海保は中国側に「追い回され」仕方なく別の海域に移りました。

このように外務省や海上保安庁が、卑屈と言えるほど中国に遠慮する原因は、政治にあります。官僚は政治家の顔色を見ます。当時の政治のトップは、他ならぬ小沢氏でした。

氏の中国への配慮は、国内においては「外国人参政権」という、信じがたい法案の形となっても表われていました。

ジャーナリストのロバート・カプラン氏が、米国の外交・安全保障専門誌『フォーリン・アフェアーズ』で、中国の人口力の脅威を指摘しています。例えば極東ロシアの人口は700万人ですが、国境の反対側には1億人もの中国人が住んでいます。極東ロシアでは人手不足のため中国人労働者を受け入れてきましたが、いつのまにかロシア領内で中国人居住者が急増し、ロシアは人口面で中国に呑み込まれるというのです。

日本でも中国人が急増しています。彼らに参政権を与え、政治的発言権を与えるとすれば、まさに中国の人口力によって、いずれ我が国は「中国化」されるでしょう。

この外国人参政権は、2009年の衆院選の民主党のマニフェストには書かれていなかったのですが、小沢氏は選挙で勝ったとたんに国会に提出しようとしました。

逆にマニフェストに明記した「衆議院の議員定数80削減」には一向に取り組もうとしませんでした。明らかに国民に対する背信行為です。

ギリシア以上の財政危機なのに「バラ撒き」

民主党は「国民の生活が第一」と謳《うた》いました。しかし、これらの政策は国民の生活を破壊しかねません。小沢氏が主張してマニフェストに盛り込まれた農家への戸別所得補償制度は、農家のお上への依存体質を強めるだけで、日本の農業を逆に弱くします。

今は「児童手当」という以前からの名称に戻っている「子ども手当」ですが、国の借金を膨らませてバラ撒《ま》くことが、子供たちの未来を明るくするはずがありません。兵庫県尼崎《あまがさき》市で、韓国人男性が海外で養子縁組した554人分の手当を請求した極端な事例は阻止しましたが、自治体の現場では、5人、10人、あるいはそれ以上の規模でも簡単に認めていたと聞きます。仮に10人分なら月13万円。発展途上国なら1年もしないで家が建ちます。逆に、親が外国に住んでいる日本人の子供はもらえないなど、制度は矛盾だらけです。

こんな愚《おろ》かな法案を急いで成立させた理由は明らかです。小沢氏も鳩山首相も「予算を執行すれば有権者は政権交代を実感してくれる」と言い続けてきましたが、それはとりもなおさず、「参院選前に子ども手当1万3000円をバラ撒けば、票が入るだろう」という、有権者を馬鹿にした姿勢です。

日本の財政赤字の規模はギリシアどころではなく、国と地方の長期債務残高は2012年度末には1000兆円に達する見込みです。民主党政権は2011年には37兆円の歳入しかないのに44兆円の赤字国債を発行し、埋蔵金11兆円を工面《くめん》して、92兆円の予算を組みました。2012年にも44兆円の赤字国債を発行しています。こうした中でバラ撒きを続ければ、国の財政がどうなるか、火を見るより明らかです。

郵政改革に関しても、郵政票を狙う亀井―小沢ラインの強硬策で、約10万人の非正規社員の正社員化と、「ゆうちょ」の預入限度額の2000万円への拡大が決定されました。

その後、民主党が参議院選挙で惨敗したこともあって先送りされていますが、こうした決定がされること自体が異常です。

郵政民営化はそもそも郵便貯金の肥大化による民間金融機関の経営圧迫と、資金の流れの硬直化を是正するのが目的でした。結果、郵貯を再び大きくすることは中小金融機関の資金力の縮小を招きます。お金を貸すべきところに貸せなくなって、中小企業の倒産が急増し、日本経済を末端から壊死《えし》させることにつながります。

結局、小沢氏の頭には選挙で勝つことしかないと思わざるを得ません。そのために、農家が競争力を失っても、子ども手当をバラ撒いて国の財政が破綻《はたん》しても、郵政改革の逆行で地域経済が壊れても、構わないのでしょうか。

反米意識が「中国傾倒」に陥らせたのか

「バラ撒きで選挙に勝てる」という意識は、小沢氏自身のカネへの執着《しゅうちゃく》からきているように見えます。政党助成金を含む政治資金で不動産を購入したこともそうでしょう。

小沢氏の不動産購入の原資についての説明によれば、億単位の資金を何年もの間、現金で手元に保管していたことになります。物理的にも相当な量のはずです。その莫大《ばくだい》なキャッシュを小沢氏は居間かどこかの金庫に置いていたのでしょうか。日々、そんな大量の札束を眺《なが》めながら暮らしていたとすれば、その姿に私はゾッとします。

小沢氏はかつて著書『語る』（文藝春秋刊）の中で、父・佐重喜《さえき》氏が貧しさゆえに「反体制的な考え方」に傾き、自身も「潜在意識の中では、体制に対する批判がものすごく強い」と告白していました。

小沢氏が長年心中に抱いてきた「反体制の精神」に基づけば、敵は自民党であり、アメリカということになります。自民党を潰《つぶ》して圧倒的な権力を握るためにバラ撒きを続け、反米意識が過度の中国への傾倒に陥らせたのでしょうか。それが氏の真の姿だとすれば、氏の〝変節〟や最近の言動も理解しやすくなります。

しかし、かつて「普通の国」を目指したはずの氏が、マニフェストに書いていないことを平気で進め、日本の経済的崩壊の危険性にも留意せず、外交・安保面では国際社会の流れに逆行して、中国の脅威を助長するような行動を取り続けました。それは日本を「普通の国」から遠ざけ、「異常の国」にしてしまうことです。

かつてフィンランドはソ連の影響下に自ら入ることで、ソ連による物理的な侵略を免《まぬが》れました。代わりに常にソ連の顔色を窺《うかが》うようになり、国としての誇りを失いました。このままいけば、日本は当時のフィンランドのように、隣に位置する大国・中国の軍事力を恐れつつ、息をひそめるしかなくなります。

あるいは小沢氏はそこまでの問題意識を持っていないだけなのかもしれません。けれど、このままでは、日本は国家の安全、財産を脅《おびや》かされ、精神の自立さえ失いかねません。私はそのことに強い危倶《きぐ》を抱かずにいられないのです。

小沢氏は民主党を思い通りに支配できなくなると、飛び出して新党「国民の生活が第一」を結成しました。その後、日本は東日本大震災に襲われました。小沢夫人の和子《かずこ》さんが、震災時の小沢氏の行動に愛想を尽かして離婚を申し出た顚末《てんまつ》がジャーナリストの松田賢弥《まつだけんや》氏の特ダネで明らかにされました。小沢氏は放射能が怖くて自分の地元の岩手にも長い間顔を出さず、関西方面に逃げていた旨、他の多くの事柄と一緒に書かれていました。国民の生活が第一と言いながら、被災地の国民を置いて逃げた政治家にはすでに何事も語る資格はないのです。小沢氏の政治は国民のためでも政策のためでもなく、結局、権力闘争にすぎなかったということでしょう。

「先制攻撃」「敵基地攻撃」は〝自然権〟です。日本政府は「やる時はやる」態度を示しなさい

先制攻撃をめぐる議論は、近年では2006年7月、北朝鮮がテポドンを含む7発のミサイルを発射した際に、当時の額賀福志郎《ぬかがふくしろう》防衛庁長官が「独立国家として一定の枠組みの中で最低限の敵基地攻撃能力を持つという考え方は当然のこと」と述べて話題を集めました。

この発言は「憲法違反ではないか」という批判も浴びましたが、結論から言えば、法的には「先制攻撃」も「敵基地攻撃」も可能です。

憲法9条第1項には「国権の発動たる戦争と、武力による威嚇《いかく》又は武力の行使は、国際紛争を解決する手段としては、永久にこれを放棄する」と書かれています。言い換えれば、戦争と武力行使を放棄するのは、「国際紛争を解決す

る手段」という条件の下でのことであり、憲法の記述は武力行使の一切を禁じたものではないからです。

「自衛」のための武力行使は、あらゆる国に認められている「自然権」です。当然、日本にも認められています。仮に北朝鮮の攻撃により逼迫《ひっぱく》した状況になれば、それを叩くのは「自衛」以外の何ものでもありません。

同第2項の「前項の目的を達するため、陸海空軍その他の戦力は、これを保持しない。国の交戦権は、これを認めない」の文言も、「前項の目的を達するため」すなわち「国際紛争を解決する」ためが大前提であり、「自衛」のための戦力まで否定しているわけではありません。

敵基地攻撃については、日本政府も、1956年に、「急迫不正の侵害が行われ、その侵害の手段が誘導弾による攻撃の場合、座して自滅を待つべしというのが憲法の趣旨とするところではない。他に手段がない場合、相手の基地を叩くことは法理的に可能」との統一見解を示しています。

ところが現実には、〝専守防衛〟の名の下に、戦闘機の航続距離をわざわざ短くするなどしているために、自衛隊には敵基地攻撃能力はほとんどありません。憲法上は可能な「自衛のための攻撃」ができない状況にあるのです。これまでの不毛な憲法論議のために、〝備え〟のための議論さえされてこなかったことは、日本の大きな問題と言えるでしょう。

「日本を怒らせたら怖い」というイメージ作りを

自衛のための攻撃ができるように装備を整える方向で議論を進めることは大変重要ですが、それでも北朝鮮有事の際に日本が独自に北朝鮮を攻撃するのには、慎重であるべきだと考えます。

韓国世論は2010年3月に哨戒艦《しょうかいかん》「天安」が撃沈された時、北朝鮮に激しく怒り、いち早く韓国支持を表明した日本に対しては好意的でした。しかし、李明博《イミョンバク》大統領が竹島《たけしま》に不法上陸し、日本が抗議したのを機に一気に反日感情が高まりました。いくら北朝鮮有事とはいえ、もし日本が北朝鮮を無闇《むやみ》に攻撃したら、「急迫不正の事態への自衛だ」と説明したところで、韓国人の理性は吹き飛ばされ、反日感情が今以上に沸騰《ふっとう》する可能性もあります。

韓国では、日本が竹島奪還のために戦争を仕掛けてくると本気で思い込んでいる人も少なくないのです。さらに驚くのは、韓国人は、日本人は南北統一朝鮮が生まれないことを望んでいると思い込んでいて、知識人の中にさえ「日本人は朝鮮半島の分断が固定化されて、我々が苦しむ状況が続けばいいと思っている」などと言う人がいます。それほど日本人に対する負のイメージが強いのです。無論、日本人の側はそんなことは思ってもいませんが、北朝鮮を攻撃すれば、「また日本が朝鮮半島を征服に来た」と考える韓国国民は想像以上に多いと思います。

北朝鮮情勢が緊迫事態に陥った時、日本がすべきことは、まず、明確な言葉で、政治的な〝旗〟を高く掲げることです。具体的には、我が国のリーダーが、「韓国による自由統一を支援する」「日本政府は韓国政府および国民の要請に応える用意がある」というメッセージを発することです。

同時に、「韓国にいる在留邦人の保護と拉致《らち》被害者の救出は、日本政府の最も重要な使命である」と表明して、例えば自衛隊の艦船を韓国沿岸に待機させ、自国民の救出にあたる権利を担保するための交渉を事前に行なっておくことです。

そのために平時から、アメリカや韓国との有事の際の役割分担を検討しておくことです。すでにアメリカと韓国は綿密な軍事作戦を立て、米韓両軍が北朝鮮に乗り込むところまで想定して訓練まで行なっています。日本がその中でどんな協力をするのかを、議論しておかなければなりません。

北朝鮮が日本だけをターゲットに攻撃を仕掛けてくる可能性は薄いと思いますが、経験も乏しく権力基盤も弱い金正恩が冷静な判断を欠いたり、軍の暴走をコントロールできなくなることは十分に考えられます。北朝鮮の暴発を防ぐためにも、日米韓の協力体制を強固にし、「日本の自衛隊は果たすべき責務を、果たすべき時に果たす」「日本を怒らせたら怖い」と知らしめておくことが大切です。

陸上自衛隊がイラクのサマワに駐留した時のことを思い出します。自衛官たちは駐屯地内で現地住民たちにもオープンな形で射撃訓練を行ないました。結果はいつも百発百中でした。日本の自衛隊の優秀さを表わすエピソードですが、現地住民に紛《まぎ》れてその様子を見ていたであろうテロリストは「下手に手を出したら一発で仕留められる」と脅威を感じたことでしょう。結果、自衛隊には日立った攻撃もなく、無事に帰国しました。

翻って今、北朝鮮は日本を「何もできない国」だと侮《あなど》っているのではないでしょうか。だからこそ、すぐにでもアメリカや韓国との軍事的役割分担についいて議論し、いざという時は攻撃も可能、やる時はやるという姿勢を見せるべきです。

中国相手にはどんな妥協もしてはいけない

改めて言うまでもなく、「北朝鮮問題」は「中国問題」なのです。

北朝鮮有事となれば、中国は確実に介入してきます。先に触れましたが、中国は2003年頃から「高句麗《こうくり》は中国の一地方政権だった」と主張し始めました。かつての高句麗は北朝鮮の領土とほぼ重なりますから「北朝鮮は自国の領土だ」という伏線を張り、この主張を理論化してきました。有事の際、こうした主張で北朝鮮に進軍して〝平定〟することを正当化する可能性もあります。

韓国の戦略専門家たちの多くは、中国には朝鮮半島に対する領土的野心はないと見ているようです。しかし、豊かな鉱物資源を持つ北朝鮮に対し、直接統治を試みなくとも、当然、朝鮮半島は中国の支配下にあるべきだと考えているのは間違いないでしょう。中国の意図を過小評価するのは危険です。多くの韓国のインテリ層のように、中国の善意を殊更《ことさら》に強調して考えるのは、あえていえば現実に目をつぶった朝貢国の従属精神の名残りです。

中国は弱い国には強く対応し、力のある国には退きます。韓国が従属精神の卑屈さを少しでも見せれば中国は嵩《かさ》にかかってやってくるでしょう。その意味で、中国がアメリカにどのように対処してきたかを見るのは実に勉強になります。

中国が台湾やチベット、新疆《しんきよう》ウイグル自治区を「中国の核心的利益」と呼んで、領土保全の上で重要な地域と位置付けてきたのは周知の通りです。ところが、2010年3月、中国の戴秉国《たいへいこく》国務委員が、米国の国家安全保障会議（NSC）アジア上級部長のジェフリー・ベーダー氏とジェイムズ・スタインバーグ国務副長官に「今や中国の『核心的利益』の一部になった南シナ海へのいかなる干渉も容赦《ようしゃ》しない」と言明したと『ニューヨークタイムズ』紙が5月になって報じました。そしてその言葉通り、中国は振る舞い始めました。例えば以下のことは、『毎日新聞』が2010年7月27日の朝刊一面トップで報じたのですが、同年6月、インドネシアのEEZ内に10隻以上の中国漁船団が侵入しました。公然と違法操業をしていたところをインドネシアの警備艇が拿捕すると、中国側から軍艦を改造した4450tの大型漁業監視船「漁政311」が現われ、「漁船を返さなければ攻撃する」と警告したのです。インドネシアの警備艇は驚いて解放しました。

しかしインドネシア側は翌日、海軍艦船の応援を呼んで再び漁船を拿捕しました。すると今度はまたもやインドネシアの海軍の艦船を上回る大きさの中国艦船が来て、また渋々解放させられたというのです。

2010年7月23日、ベトナムのハノイで開かれた「ASEAN地域フォーラム」でアメリカのクリントン国務長官が、「南シナ海の航行の自由、アクセスの自由はアメリカにとっての国益である」と語って、中国を牽制《けんせい》しました。さらに「南シナ海の領有権は多国間協議を通して解決すべき」としてアメリカが関与する姿勢を示しました。クリントン国務長官の発言は実に鮮やかにアメリカのアジア・太平洋政策の新しい方向性を示していました。アメリカは中国の横暴を許さないという決意をアジア諸国は感じ取り歓迎しました。「アメリカがアジアに戻ってきた」とASEAN関係者が感動を込めて語ったほど、明確な形でアメリカが中国に牽制球を投げたのは、前述の緊迫する南シナ海情勢があってのことですし、南シナ海を核心的利益と定義した中国に、アメリカが強い警戒心を抱いたからだと思われます。

ところが奇妙なことが起きました。中国側から南シナ海を核心的利益だと言ったことなどないという発言が続いたのです。戴秉国氏自身も発言はしなかったと主張しましたので、真実がどこにあるのか、少しわからなくなる状況が生じました。このことはいくつかのことを示唆《しさ》しています。中国側はアメリカが予想以上の断固たる決意で中国に対峙したことに驚き、実際は南シナ海を核心的利益と考えてそのように発言したにも拘らず、路線修正して、言わなかったと言い繕《つくろ》ったのではないでしょうか。もちろんこれは私の想像ですが恐らく大きく外れていることはないと思います。つまり、中国はまだ今はアメリカと正面から対立するのは得策ではないと考え、退いたのではないでしょうか。まさに弱い国には強く出て、強い国の前では退くのです。しかし、それは諦《あきら》めたのではありません。次の機が熟するまで待つということにすぎません。

日本の尖閣諸島周辺領海への中国漁船の侵犯・公務執行妨害事件への中国の一連の厳しい対応は、まず第一に、中国が日本を気概もなく弱さを抱えた国と見做《みな》している可能性があります。加えて中国がこの件を一過性の単純な事件ではなく、主権の問題としてとらえていることがわかります。日本政府による尖閣国有化以降は連日、公船を尖閣海域に展開させ日常的に接続水域と領海を侵犯しています。中国は尖閣を奪い、台湾の併合と南シナ海の支配につながる第一歩とする戦略をゆるぎなく遂行《すいこう》しているのです。日本にとっての正念場なのです。相手は１㎜前進すれば、その１㎜を死守する中国です。政府の毅然とした対応が、何よりも求められており、どんな妥協もしてはならない場面です。弱さが中国の侵略を誘い、強さが中国の侵略を抑止させることを肝《きも》に銘じることです。

韓国国民の負のイメージ払拭は可能

一方で韓国に対しては、「戦略的対話」も必要なのは言うまでもありません。

日米安保体制の強化が急がれるゆえんです。とりわけ北朝鮮有事の際、北朝鮮とその背後の中国にどう向き合うのかについてあらゆる可能性を踏まえた戦略、戦術を米韓両国と話し合っていなければなりません。しかし、民主党政権が誕生してからは、前述した「米韓との軍事的役割分担」などの安全保障上の議論が停滞して現在に至ります。

憲法上可能な「先制攻撃」「敵基地攻撃」も、その攻撃能力保有に関する議論もしないのは、北朝鮮の暴発の可能性を放置することにつながります。「先制攻撃・敵基地攻撃は憲法違反だ」という固定観念に縛《しば》られ、「北朝鮮のミサイルは日本の上空で撃ち落とすしかない」と考え続けるとしたら、有事の際には本当にミサイルが飛んできて、多くの被害をもたらすことにつながりかねません。

逆に、日本が「先制攻撃」に関する議論を冷静に行なって、米韓と安全保障に関する話し合いを進めれば、北朝鮮及び中国に対する抑止力になります。

肝要なのは、「日本は、朝鮮半島への領土的野心はない」と普段からアピールしておくこと、そして、「国際社会から求められれば韓国支援の責務は果たす」と表明することです。

北朝鮮有事の際に、韓国から「日本の自衛隊の力を借りたい」という要請があれば、それに100%応える。そうすることで、韓国国民の心に根強く残っている日本に対する負のイメージを払拭《ふっしょく》し、真の絆《きずな》を深めることができます。

民主党政権は、「その時」になったら、どうするでしょうか。中国の領土拡大への目論見《もくろみ》も踏まえたうえで、政権を担う政治家たちはこうした大局的な安全保障の視点から議論を深めていくよう、努力すべきです。

日本は今こそ「国益に適う選択」をすべきです

日本は今、日米開戦前を想起させるような重大な岐路に立っています。

戦前の日本は、米中仏英などが形成した対日包囲網の中で、追い詰められていきました。日本を追い詰めた主役はアメリカ大統領のフランクリン・ルーズベルトでしたが、そのルーズベルトを死にものぐるいで参戦させたのは英国のウィンストン・チャーチル首相でした。チャーチルは1940年5月、対独戦の最中に英国首相となります。就任5日後の5月15日付でルーズベルトに書き送った手紙の中で、日本を「Japanese dog」（日本野郎）と口汚く呼び、対日戦を促《うなが》しています。ルーズベルトが第2次世界大戦に参加するために、いかに巧妙に日本側に戦端を開かせたかは、日本の私たちはすでに知っているはずです。

ざっと歴史を振り返ってみても、いくつかの重要で深刻な事情が浮かび上がってきます。①1939年1月、日本への航空機とその部品の禁輸措置《そち》を決定②7月、日米通商航海条約の破棄 ③1940年1月、新年度の錫《すず》、屑鉄《くずてつ》の対日輸出の50％削減 ④6月、工作機械の対日輸出の禁止 ⑤石油、屑鉄の対日輸出規制の強化 ⑥9月、屑鉄の全面輸出禁止 ⑦1941年8月、対日石油輸出の全面禁止――などです。

日本はこれをアメリカ、英国、中国、オランダによる包囲網だと解釈しました。いわゆるABCD包囲網です。このような日本側の受け止め方について、1941年8月8日に、ハル国務長官は「日本が自らを危険なほどに包囲されていると称するのであれば、それは自分が播《ま》いた種で、そんなことは（アメリカは）何ら関知しない」と述べています（『アメリカの戦争』田久保忠衛著、恒文社21刊）。ハル国務長官の敵意に満ちた発言は、米英中蘭の対日姿勢を表わしていました。

こうした世界情勢の中、日本国内ではメディアによって対米強硬論が煽《あお》られ、当時の近衛文麿《このえふみまろ》内閣はその流れに抗《あらが》うことができずに進んでいきました。

と言っても、近衛以下、日本側は対米開戦回避のために必死の努力を続けました。1940年末頃から民間と政府のルートで日米交渉が進められました。1941年7月25日にはアメリカにある日本資産のすべてが凍結されますが、近衛首相はルーズベルトと直接会談することで、最悪の事態を回避しようと考え、駐米大使の野村吉三郎《のむらきちさぶろう》に準備を指示しました。

野村は8月17日にホワイトハウスにルーズベルトを訪ねましたが、この時ルーズベルトは、最後通告の響きを持った内容の口上書を読み上げます。さらに11月26日にハルノートが突きつけられ、日本が真珠湾《しんじゅわん》攻撃に踏み切ったのは周知の通りです。

開戦直前の激しい外交的な駆け引きの中で、孤立を深めたのが日本でした。

翻って今、世界では、やはり熾烈《しれつ》な外交交渉が繰り広げられています。特に見逃《みのが》してはならないのは、アジア・太平洋情勢の地殻変動です。

ミャンマー民主化から中国分裂の可能性

中国の覇権主義については繰り返し論じてきましたが、世界が中国の「暴力的台頭」を懸念し、平和的な秩序を維持するために動き始めています。

アメリカは2011年11月18日、クリントン国務長官のミャンマー訪問を発表しました。アメリカ首脳の公式訪問は56年ぶりのことで、両国にとって極めて重要な会議が持たれることになります。今後、ミャンマーが民主主義へと大きく舵《かじ》を切り続けることは確かでしょう。

ミャンマーのテインセイン政権は、2011年9月に中国による水力発電ダムの建設中断を表明しました。ミャンマーの新政権は、それ以前の軍事政権の親中国路線から方向転換して、アメリカとの関係改善を模索し始めたのです。

かつてアメリカはソ連に圧力を加えるために、ニクソン大統領が1972年に中国を訪れ、電撃的な国交回復を果たしました。今度は中国に圧力を加えるためにミャンマーを訪れ、民主化を助けようとしています。『ビルマの竪琴《たてごと》』という映画がありましたが、ミャンマーは日本に対してとても友好的です。日本もミャンマーを積極的に経済援助し、この国を支えていけば、ユーラシア大陸における民主化のうねりのきっかけとなると思います。

東南アジア諸国の中で最大の面積を有し、地下資源が豊富で、地政学的にも重要なミャンマーが民主化すれば、隣接するチベットやウイグルに大きな影響を与え、民主化革命が波及し、中国分裂のきっかけになるやもしれません。

中国の、軍事力を前面に打ち出すような恫喝《どうかつ》外交への反発は強く、インドネシア・バリ島で2011年11月19日に開催された東アジアサミット（EAS）では、参加18か国中、実に15か国が南シナ海問題に言及し、中国非難の声を上げました。中国の事前の強い牽制にも拘らず、南シナ海問題が主要な議題となったのです。

アジア諸国が中国に堂々と反論し、批判的なスピーチをする背景に、アメリカのコミットがあります。アメリカは明確に東南アジア諸国の側に立つ姿勢を見せています。オバマ大統領はオーストラリア北部のダーウィンに海兵隊を駐留させると発表したほか、インドネシアに最新型のF16C／D24機を売却することも決めました。

アメリカはアジア・太平洋でプレゼンスを拡大する方針をはっきりさせ、中国の覇権主義を懸念し、「中国抑止」へと、アジア・太平洋諸国をまとめる形で、具体的に踏み出したわけです。

世界は、このように中国をめぐって緊迫した駆け引きを展開しています。日本にとっても、日米開戦前のように、重大な決断が迫られる「分岐点」です。

もちろん、日本が、中国の側に立つという「選択」はあり得ません。

民主党政権では、鳩山由紀夫《ゆきお》氏が「東アジア共同体」構想という、中国を利する方針を打ち出しました。菅直人《かんなおと》政権時には、尖閣諸島での海保巡視船への漁船衝突事件などで、弱腰姿勢が目立ちました。野田《のだ》政権に関しては、尖閣諸島の国有化は評価しますが、その後の事なかれ主義には大いなる不満があります。一方、実質的に環太平洋戦略的経済連携協定（TPP）への参加を表明したことは、「中国の側に立つ」のではないことを明確にした点で、正しい判断だったと言えますが、なぜ、それを実行できないのか、理解し難いのが野田首相です。

国内の一部の世論におもねってポピュリズムに走り、TPP参加を見送るとしたら、日独伊三国同盟へ突き進んでいったのと同じように日本は中国に引き摺《ず》られる形で、再び「孤立」への道を歩みかねないでしょう。

オバマ大統領はホノルルで行なわれた2011年のAPEC首脳会議で、TPPへの日本の参加を非常に歓迎しました。TPPは自由主義陣営が軍事面のみならず、経済的にも連携する可能性を高める重要な枠組みです。中国が平和的台頭ではなく暴力的台頭の国であることが明らかになった今、アメリカを中心に中国に対処する枠組みができつつあります。野田首相のTPP参加表明は極めて妥当かつ重要なものなのです。

日本のTPP参加表明を受けて、オバマ大統領はオーストラリアを訪れ、ダーウィンに海兵隊を駐留させることを発表しましたが、ダーウィンは地政学的に見れば中国の核ミサイルが届きにくい場所にあります。仮に中国が在日米軍や在韓米軍を叩いたとしても、オーストラリアからの反撃が可能です。オーストラリアから睨《にら》みをきかせることは、中国に対する大きなプレッシャーになるのです。

ダーウィンからパース、さらにココス島への米軍の展開についてはすでに詳しく論じました。中国を見据《みす》えたこの大戦略の枠組みの端緒となったダーウィンへのアメリカの海兵隊駐留は、実は数年前からオーストラリアが持ちかけて実現に至ったものです。オーストラリアのケビン・ラッド首相は非常に親中的と言われてきましたが、中国の軍拡の前に、国益を守るにはアメリカと組むべきだと判断したのです。国のトップとして極めて適切な判断だと思います。

中国ゆえに起きる国際情勢の変化は劇的で、しかも次々に起きています。日本はこの重要な岐路で、国益に適《かな》う「選択」をしなければなりません。

日本は今、「再生のチャンス」を迎えている

胡錦濤政権は、米国主導のＴＰＰや、海兵隊のオーストラリア駐留など、自らが「孤立」させられつつあることに大きな懸念を抱いていました。習近平《しゅうきんぺい》政権になっても、彼らの「中国が世界の中心」という中華思想は変わることがありません。彼らが、引き続き覇権主義を強め、我が国に対して様々な工作をし、日本が国際社会で孤立するように仕掛けてくるのは間違いありません。

その際に、私たちが学ぶべきなのが、歴史の教訓、すなわち、開戦直前の状

況です。

満州国では、日本は日本人・漢人・朝鮮人・満州人・蒙古《もうこ》人の「五族協和」を掲げて、インフラ整備など国づくりに取り組みました。にも拘らず、国際社会から「満州人の自治は形式だけにすぎない」「事実上の日本の植民地拡大」といったレッテルを貼《は》られました。しかし、国際連盟のリットン調査団の報告書にもあるように、日本の満州統治は決して侵略一色ではありませんでした。このように国際連盟の報告書にも描かれている事実を紹介しつつ、日本の満州進出は決して侵略一色ではないことを世界に説明すればよいのに、下手だったわけです。説明する意思の不足や説明能力の欠落は、その国を打ちのめします。私たちは歴史を通してそのことをよく知っているはずです。自国の立場や取り組みを国際社会に説明することの重要性を肝に銘じたいものです。

日本を孤立させようとする中国の「切り札」は、いつでも歴史問題です。「従軍慰安婦問題」や「南京大虐殺」は、事実ではなく、捏造《ねつぞう》され歪《ゆが》められた歴史です。しかし、国際世論は、事実関係を詰めたり検証をすることなく、イメージ先行で日本への悪印象を持ってしまいます。日本自身がしっかりした調査によって裏付けられている事実を打ち出して冷静沈着に反論すること、し続けることが非常に重要です。中国や韓国に〝配慮〟してそれをしなければ、この先、日本は未来永劫《えいごう》、世界の中で孤立させられていくでしょう。

中国は今、世界で孤立化しかかっています。その瀬戸際に立つ中国は必ず日本に歴史カードを切り、日本を貶《おとし》めることで自らを浮上させ、孤立を回避しようとします。今ほど堂々と反論し、正しい歴史事実を国際社会に訴えなければならない時はありません。そのために一枚岩となって取り組む体制が必要です。

現在の日本には、重要な国家戦略を決定する仕組みやリーダーシップがありませんが、このようなスカスカの国家体制は改めなければなりません。

振り返れば、開戦前夜の日独伊三国同盟や日ソ中立条約も、国家として綿密な戦略が描かれた末に決定した方針ではなく、時の松岡洋右《まつおかようすけ》外相ら一部の人物が恣意《しい》的に決めたものだと言えます。これが日本の孤立をさらに深め、戦争へと進む一因となったわけです。安全保障や外交において、戦略的な意思決定の仕組みがなければ、国家滅亡への道を転げ落ちかねないことを、歴史は教えてくれています。

野田政権は国家戦略会議を発足させ、日本再生の基本戦略をまとめましたが、安全保障と外交は扱いませんでした。愚かなことです。それでは「国家戦略」とは名ばかりです。先のＴＰＰ、中国への対応、アメリカとの協調など、中長期的な国家戦略を策定して、その中で個別の政策を検討する枠組みが必要です。

一方、精神面で見れば、戦前の日本人と今の日本人の間には大きな違いがあります。戦前の日本人には、我が身のことは横に置いて公のために働くのが尊いという精神がありました。日本は明治維新で開国しましたが、欧米列強と結んだ条約は酷《ひど》い不平等条約でした。それを平等の内容に改めるには実力で勝ち取るしかないと悟り、富国強兵を行ない、日露戦争に勝つことでようやく不平等条約を解消しました。日露戦争における旅順《りよじゆん》総攻撃などを見ても、国を守るために命を賭《と》して戦うという使命感の強さが伝わってきて、粛然《しゆくぜん》とした思いになります。

それに較べて、今の日本人からはそうした「公」への意識や「強さ」が失われています。目先の利益だけを大切にするようになったのではないでしょうか。目の前のことに一生懸命に心を注ぐのはいいのですが、国全体、他者を思うことができなくなってしまっているように見えます。

それが国レベルで起きた事例のひとつが、「子ども手当」に代表されるバラ撒き政策でしょう。目の前のことばかりで、長期的な国づくりの視点が欠落しているのです。

国民は地方自治体に頼り、地方自治体は国に頼り、国は自力で国を守る気概を失い、アメリカに頼ろうとしています。

戦前の人たちが持っていた「人に迷惑をかけない」「自主自立」の精神が失われ、「頼る」ことばかりを考える国であり国民であれば、日本の未来などありません。

世界は、米中対立の深刻化の中で、せめぎ合いを続けていくでしょう。日本にとって働き甲斐《がい》のある世界情勢になってきたということです。日本の決意次第で、日本の存在を高めることができる時期に入ってきたのです。一刻も早く集団的自衛権を行使できるよう解釈を改め、憲法改正によって自衛隊を国軍として位置づけることが必要です。そして日本国民が自らの力で人生を切り拓き、祖国を守り、立派な日本人として一生を全《まっと》うすること、そのような人材を育てる教育を実現していくべきです。

日本は必ず再生できます。今がその絶好の好機だと、私は思います。

著者紹介

櫻井よしこ（さくらい　よしこ）

ジャーナリスト、国家基本問題研究所理事長。

ベトナム生まれ。ハワイ大学歴史学部卒業。クリスチャンサイエンスモニター紙東京支局の助手としてジャーナリズムの仕事を始め、アジア新聞財団DEPTH NEWS記者、東京支局長、NTVニュースキャスターを経て、現在に至る。2007年にシンクタンク、国家基本問題研究所を設立し、国防、外交、憲法、教育、経済など幅広いテーマに関して日本の長期戦略の構築に挑んでいる。

1995年『エイズ犯罪 血友病患者の悲劇』（中公文庫）で第26回大宅壮一ノンフィクション賞、1998年『日本の危機』（新潮文庫）などの一連の言論活動で第46回菊池寛賞を受賞。2010年正論大賞受賞。

近著に、『それでも原発が必要な理由《わけ》』（奈良林直氏との共著、ワック）、『一刀両断』（新潮社）、『赤い韓国――危機を招く半島の真実』(呉善花氏との共著、産経新聞出版)、『気高く、強く、美しくあれ』（ＰＨＰ文庫）など著書多数。

この作品は、2012年12月に小学館より刊行された『中国に立ち向かう覚悟』を改題し、加筆・再編集したものです。

人物の肩書きや事実に関する情報は、単行本時のままとしています。

PHP文庫　地政学で考える日本の未来
中国の覇権戦略に立ち向かう

2017年8月15日　第1版第1刷

著　者　櫻井よしこ
発行者　岡　修平
発行所　株式会社PHP研究所
東京本部　〒135-8137 江東区豊洲5-6-52
文庫出版部　☎03-3520-9617(編集)
普及一部　☎03-3520-9630(販売)
京都本部　〒601-8411 京都市南区西九条北ノ内町11
PHP INTERFACE　http://www.php.co.jp/
組　版　有限会社メディアネット
印刷所
製本所　共同印刷株式会社

ISBN978-4-569-76565-5